JN059564

絶望と苦悩の

世界の性格心理研究が明かす逆境への生存戦略

職場からの
ブレイクスルー

鈴木智之——著

中央経済社

はしがき

　本書は，絶望的な職場で苦悩する人に向けて書かれています。

　毎日の仕事がつまらないと思っている人。嫌いな上司，同僚，顧客の顔が浮かんで，休みの日も憂鬱な気持ちで過ごしている人。本当はもっと輝けるのになぁと思いながら働いている人。自分ってなんて頭が悪くて仕事の効率が低いのだろうと感じている人。働くのが辛すぎるから，もう辞めたいと思っている人…。これらの人々が本書の想定読者です。

　世の中には，キャリアや人材育成についての様々な理論や成功例に関する書籍が数多く存在します。しかし，多くの働く人々の日々は，それらによって大きく改善したのでしょうか。それらの書籍の根底にある，ポジティブで前のめりすぎる現実・未来への認識は，多くの人々の働く日々のリアリティと整合しているのでしょうか。

　職場は，実はもっと辛くてタフです。絶望しながら，自分を押し殺して働いている人々は少なくありません。そういった人々の意識に寄り添う，リアルな書籍を確かな科学研究の知見をもとにして刊行できないだろうか。本書はそのような問題意識によって執筆されたものです。

　鬱屈とした気持ちで毎日通勤しているのはあなただけではありません。世界中の多くの，これまで働いてきた人々も同じです。

　一方で，絶望と苦悩を経た上で，溌剌と働けるようになった人もいます。職場への向き合い方がいわば「ブレイクスルー」して，絶望と苦悩の日々を克服・脱出した結果，前向きな働き方を実現している人がいます。

　自分もそのきっかけを学ぶことで，絶望的状況を脱し，一度しかないキャリア人生を前に進めることはできないのでしょうか。

　世界に散らばる，確かな性格心理研究がそのための起爆剤になります。性格心理研究は，どうすれば個々人がそれぞれに異なる個性を職場で活性化させ，イキイキと働くことができるのかについて，長い歴史と系譜の中で極めて数多くの実証成果を世界中の働く人々に示してきました。

　海外に比して日本では，仕事場面における性格心理研究があまり進んでいません。そのため，世界で確かめられた成果に触れる機会がこれまでほぼありませんでした。本書は，その機会を提供するものです。

　人間の長い歴史の中で，辛い仕事から生じる絶望・苦悩の解決に役立ってきた性格心理研究にアクセスするためのドア・オープンの役割を本書が担います。多種多様な研究成果が，逆境を乗り越え，仕事人としてより良い生存戦略を描くための第一歩を読者に提供することでしょう。

　そして，職場作りに責任を担うリーダーやマネジャーたちが，絶望的な職場を日本中で作らないための指南書として活用いただくことも想定しています。メンバーや部下が職場に疲弊して，やる気を下げて，急に職場からいなくなることを防ぐために何をすべきなのでしょうか。気付かぬうちに雰囲気の悪い，酷い職場を作って，メンバーの仕事人生を破壊してしまっていないでしょうか。

　世界の性格心理研究をチーム作りや人材育成に活かし，職場に絶望と苦悩が蔓延しないようにするための教科書として本書をお読みください。

　2023年11月

職場に絶望し，苦悩した一人として
筆　者

目　次

序章　性格と仕事の教科書　　　　　　　　　　1

第1章　性格と職場内問題行動　　　　　　15

第2章　性格と職場内人間関係　　　　49

コラム　仕事に使えるビッグファイブ　　　　83

第3章　性格と向いている仕事　　　　91

第4章　性格と企業内人材育成　　　　　127

第5章　性格と仕事での頭の良さ　159

謝　辞

　本書の内容の一部は，筆者が学術アドバイザリーフェローを務める未来検査研究所における実践知の創出活動を参考にした上で新たに構成されている。

　未来検査研究所を運営する株式会社レイル，および同社のマルコポーロチームの方々に深く感謝申し上げる。

謝　辞

　本書の内容の一部は，株式会社ビジネスプロデュースとの「営業学」に関する実践的検討結果を参考にした上で新たに構成されている。営業学とそれに関連する営業プロフェッショナルの心理特性に関する実践知をともに創出した株式会社ビジネスプロデュース森功有代表取締役社長，同社のプロフェッショナルの方々に深く感謝申し上げる。

性格と仕事の教科書

あなたが大嫌いな上司にも家族がいて友達がいる。あなたが全く理解できない，無駄に他人を馬鹿にする人にも懇意にしている取引先がいる。あなたが行きたくない職場でもイキイキと働いている人がいる。なぜなのだろうか。あなたが細かいことを気にしすぎなのだろうか。他の人には職場を楽しめる才能でもあるのだろうか…。

また，職場には誰かに嫌味を言い続け，無駄に他人を敵対視して攻撃する人がいる。他人を見下して，自分の優秀さをアピールするのに必死になっている人がいる。なぜ，ここまでして嫌な人は嫌な人であり続けようとするのだろうか…。

性格とは何か

「パーソナリティ（Personality）」という言葉をご存じだろうか。

パーソナリティとは，人間の「性格」のことを示す学術用語であり，世界的に古くから膨大な研究が蓄積された，確固たる科学研究分野である。国内外でパーソナリティを研究するための専門学会が複数存在し，盛んに活動している。

パーソナリティの定義について詳細は後に譲るが，ここでは簡単に述べておく。パーソナリティとは個人が有する心理的特性であり，個々人の行動の差異を決定する，時間が経っても安定し，状況が変化しても一貫する特性，と定義される。

近年は，パーソナリティを性格と訳さずに，パーソナリティとそのまま表現することが学術研究では一般的になっている。そのため，以降は基本的にパーソナリティと表現するが，文意によって性格という語のほうがわかりやすい場合には性格という表現も用いることにする。

日本では戦国武将の性格をあらわす句に「鳴かぬなら殺してしまえ，ほととぎす」「鳴かぬなら鳴かせてみせよう，ほととぎす」「鳴かぬなら鳴くまで待とう，ほととぎす」というものがある。激情型の織田信長，自分なりの気配りと創意工夫を凝らすことが得意な豊臣秀吉，辛抱強い徳川家康というように武将の性格をあらわしたものだ。

このほかにも戦国武将のタイプ分けを行った文献や住んでいる土地による価値観の違いをまとめた文献が記されるなど，わが国では性格が昔から人々の関

心を集める対象であったことがうかがえる。

　海外では，本格的なパーソナリティ研究が19世紀末からなされてきた。1930年代にはパーソナリティ研究において今でも世界的に参照される有名な研究が米国のハーバード大学でなされた。その後，今日に至るまで，パーソナリティをとおして人間を理解しようとする研究の蓄積が世界的な財産とも言えるようになってきている。

　学校教育や医療場面だけではなく，ビジネス場面でもパーソナリティの膨大な研究を基にして，ジョブ型採用，チームビルディング，組織改革，離職防止などの具体的取り組みとその成果が欧米企業であげられ始めている。欧米では，学術研究者だけではなく，グローバルカンパニーで働く人にとってもパーソナリティは常識になりつつあり，第一線を走るビジネスエリートが使う経営ツールになり始めている。

　わが国では，学校教育や医療場面ではパーソナリティについての確かな学術研究が蓄積されてきたが，ことビジネス場面では科学的と言える水準での学術研究がほぼ蓄積されていない。性格が，占いやエンターテインメントに偏った言説につながり，非科学的な思い込みによって語られることが残念ながら少なくない。科学論文を読むには確かな知識が必要だが，正確に情報を読み取っていないエッセイや記事などをしばしば目にする。

　わが国の職場の第一線で活躍している勉強熱心なビジネスパーソンであっても「パーソナリティ」の定義は何かと言われると知らない人が圧倒的に多い。経営分野の研究者も同様であり，パーソナリティとは何かを詳しく知らない場合が多い。パーソナリティの語の一部である「person」から，パーソナリティが人間や個人に関する何らかの事柄を指すような気はするのだが，詳しくはよく知らないという人々がとても多い。

　日本のビジネスパーソンや企業組織はこの点で大きく後れをとってしまっている。パーソナリティについての世界の常識が日本では知られていないという知識格差が生じてしまっているのである。そのような知識格差を背景にして，例えばジョブ型採用で求職者のどのような心理的特性を評価すればよいのか，などの点において日本企業は欧米企業の後追いになってしまっている。

　パーソナリティ以外の理論にもこの傾向は見てとれる。例えば，1990年代に

ハーバード大学のAmy Edmondsonが発表した「心理的安全性（psychological safety）」が，わが国では2020年前後になってようやく注目されている。本来であれば，家族的経営を長く特徴としてきた日本企業こそ，社員の心理的不安にいち早く気付き，先進的理論や実践事例を世界に向けて発信しなければならなかったと言える。パーソナリティについても，これ以上わが国が世界的潮流から引き離されることなく，その研究成果を労働場面で活かすことで得られるものは非常に多い。

辛い労働から抜け出すヒントを与える性格研究

　職場の人を嫌いと思いながらも，嫌いと思う自分が敏感すぎて「もしかして自分側に問題があるのではないか」と思いながら，毎日の仕事人生を悶々と消費してしまっている人はいないだろうか。

　職場で他人を蹴落とすズルい人とどのように向き合って日々過ごせばいいのかわからない人も多いのではないだろうか。

　職場で誰かから言われた言葉を何度も頭の中で繰り返している時間は人生の無駄遣いだと思いながらも，頭の中からなかなか消えず，それが仕事人生を苦しくしていないだろうか。

　自分の仕事が失敗続きで惨めな気持ちになり，働くのをもうやめたいと思っている人はいないだろうか。自分を嫌悪し，働くことに向いていないと思っている人はいないだろうか。

　上司として，部下を理解できずに苦しんでいる人はいないだろうか。上司と部下の1 on 1 ミーティングを繰り返しても，若手社員の心理状態を理解できずに「自分は上司の器ではないのではないか」と悩み苦しんでいないだろうか。

　チームのリーダーとしてメンバーの管理に悩んでいる人はいないだろうか。チームの士気が上がらず，皆がどこか他人行儀で接し，熱量と業績の低いチームになってしまっていないだろうか…。

　世界に散らばるパーソナリティについての学術研究と社会実践は，これらの人々に多くのヒントを世界中で与えてきた。詳しくは本文で解説するが，ここではほんの一例をあげたいと思う。

　職場の人間関係から多くのことを敏感に察知しすぎる人には1997年から進め

られてきた「HSP（Highly Sensitive Person）」の研究が光を灯してきた。

　職場のズルい人の心理構造を明らかにする「ダーク・トライアド」の研究が2002年から体系的に進められてきた。今日ではその知見が蓄積され始めており，職場のズルい人とどのように対峙すればよいかについての示唆が多く導出されている。

　職場で言われた一言を頭の中で繰り返すことの精神的影響やそこから学びを得ることの重要性は「私的自意識研究」として1890年代から研究がなされ，自分への意識の向け方についてのヒントが多く提示されてきた。

　失敗による心理的な落ち込みから回復する「レジリエンス」の研究は半世紀以上の歴史を伴って進められてきた。レジリエンスの概念は，アパレルメーカーのテレビ広告でも目にするなど2021年ごろに日本でも一般的に有名になった。もともと，レジリエンスという概念は1950年代からなされた米国ハワイにおける大規模な科学的研究（後記第3章参照）の賜物だった。貧困などの決して良好とはいえない家庭環境からでも，その後に大人として成熟した人々はレジリエンスというパーソナリティ特性を有していたことがハワイの研究から明らかになり，人間が逆境や落ち込みから立ち直ることへのヒントが多く提示されてきた。

　上司やチームリーダーとして部下やメンバーの職場学習を支援するためにはビッグファイブ（Big Five）というパーソナリティの理解が必須であることが近年の研究によって明らかにされた。単に上司と部下，リーダーとメンバーが膝を突き合わせて対話するだけでは不十分であり，ビッグファイブの理解が前提になるということだ。徒手空拳（としゅくうけん）の自己流人材育成で悩む上司やリーダーに何から始めればいいのかを示してきた。

　実は，これらの研究は全てパーソナリティ研究に属する。このような研究と実践を世界の人々はいち早く共有して日々の仕事とチーム作りに役立てている。

　ハラスメント，メンタル不調，若手社員の早期離職，企業不祥事の背景にある組織風土，心理的安全性，従業員のエンゲージメント，新入社員のジョブ型採用とオン・ボーディング…。働く人の「こころ」を理解する必要性が，これだけ声高に叫ばれた時代はこれまでにない。このようないわば「こころの時代」では「こころ」を代表する概念である性格，そして性格と労働の関係を理

論的に捉える必要がある。

性格を知らずに職場の心理的安全性は実現できない

　産業組織を場面とした心理学理論のうち，近年最も注目を集めているものの一つは「心理的安全性」である。心理的安全性は，ハーバード大学で組織行動論を研究するAmy Edmondsonが最初に提唱した概念であり，「対人関係においてリスクのある行動をしてもこのチームでは安全であるという，チームメンバーによって共有された考え」と定義される（Googleウェブサイト）。

　Googleがチームビルディングを進める上で第一に行うこととしてこの心理的安全性を掲げ，経営成果を創出した先進的な事例に倣って，わが国でも導入企業が急増している。経営課題分析に用いられることもあり，例えば日本国内大手銀行の度重なるATMシステム障害の原因の一つに，同行の職場における心理的安全性の低さがあることを第三者委員会が指摘した事例もある（日経ビジネス，2022）。

　職場の心理的安全性を高めるためにEdmondsonは「自分が間違うことを認めること」の必要性を説いた（Googleウェブサイト）が，職場にいる全ての人がこれを素直にできるのだろうか。

　職場で働く人の中には他人を信頼せず，自分の弱みを見せたら自分が誰かに攻撃され，自分の地位が脅かされると信じて疑わない人がいる。有名な『君主論』を著したマキャベリの名を冠してパーソナリティ理論では「マキャベリアン」と呼ばれる人だ。マキャベリアンは「自分が間違うことを認める」こととは逆の性格特性を持つ。

　パーソナリティ理論の知識がメンバーに備わっていればマキャベリアンをリーダーなどの重要ポストに就けないことや，もしリーダーに据えるときにはマキャベリアンに起因する性格上の弱みを補完して，問題の改善をするような上司・同僚や参謀を近くに配置するなどの具体的な検討ができる。つまり，職場の心理的安全性を確保しようとする前に性格の知識を備えたほうが良い。

　ここ数年，働く人の心理的特性が非常にクローズアップされている。社員に成果を求めるばかりに職場の雰囲気が悪くなってしまい，長期的に組織に悪影響を及ぼしてしまったことや，チーム間の協力がなくなり，組織市民行動が消

え失せてしまったことなどを踏まえた揺り戻しの時期である。職場で働く人の心理的特性をより深い層で理解しようとするパーソナリティ理論は，その時代的要請に応え得るものだ。

性格と労働の教科書がこれまでになかった理由

　それだけ重要なパーソナリティ理論が，なぜわが国の産業組織やビジネス場面であまり浸透してこなかったのだろうか。

　わが国の産業組織における人事評価の中心的評価要素は「職務遂行能力（略して職能）」であり，職能とは「仕事を行うために発揮される幅広い能力」を指す（髙橋，2010）。

　職能の例には「顧客提案能力」「社内調整能力」「予算管理能力」などがある。職能が上がれば等級および給与が上がるという職能資格等級制度は日本企業で長年定着した，最も普及した制度であるとされる（今野・佐藤，2020）。

　職能資格等級制度は社員の人事査定の基準として給与を決定し，人材育成の指針としての機能も有する。等級が求める能力基準を満たせば給与が高くなり，社員はその能力基準を参照点にして業務，研修，自己啓発に取り組む。すなわち，職能資格等級制度は人的資源管理の多くの個別施策の基盤としての役割を担うものだ。

　パーソナリティ特性と職能は異なる。パーソナリティ特性はその継時的安定性があることから容易には変わらないが，職能は「能力」という表現のとおり，教育訓練によって容易に変わり得る。

　職能の上昇的変化を期待して社員にOJT（On the Job Training）やOFF-JT（Off the Job Training）の場を与え，その変化によって等級と給与などを決定するという職能資格等級制度において，そもそも大きな変化を期待できないパーソナリティ特性は当制度に合致・適合しなかった。

　外向性や開放性などのパーソナリティ特性は顧客提案能力などの職能とは異なり，可視化しづらいという特徴もある。顧客提案能力は社員が作成した提案書や顧客との折衝行動を見ることによって客観的評価が可能である。人的資源管理は社員の処遇を決定する制度であるため，客観的評価への要求が高い。可視化しづらい性格概念よりも，可視化しやすい能力概念を基に構成したほうが

客観性，公平性，納得性の観点から都合が良い。

　以上を背景として，性格と労働の関係はこれまで日本の産業組織やビジネス場面で体系的に，そして科学的に論じられてこなかった。

　しかし，昨今，職能資格等級制度の大幅な見直しが日本企業で進められつつある。役割評価制度やジョブ型人事制度への対応に伴うものだ。そのような変化の中で組織を作るにはお互いの心理特性を知らなければならないことに職場の皆が気付き始めている。

　世界の多くのビジネススクールで組織行動論の教科書として使われるロビンス（2009）では「モチベーション」「リーダーシップ」という主要キーワードに並んで「パーソナリティ」が企業における組織行動を理解する上での重要な概念である，とされている。グローバル企業の中にはパーソナリティ理論をいち早く取り入れて経営成果を創出している例もあり，今後，日本企業でも加速的に普及が進んでいくだろう。

　日本の学術研究では教育や臨床のフィールドでは性格が盛んに論じられてきたが，労働との関係は空白の論点とされてきた。わが国のパーソナリティ研究は大学生を対象に調査がなされることが非常に多いためだ（例えば岩佐・吉田，2018；大野木，2004）。

　パーソナリティ特性として最も有名なビッグファイブ理論（Goldberg, 1990, 1992；McCrae & Costa, 1987）ですら，わが国では学生を主な対象にした調査と尺度開発がなされ（主なものに，藤島・山田・辻，2005；村上・村上，2008；下仲・中里・権藤・高山，1998；和田，1996；小塩・阿部・カトローニ，2012），職場で働く人は直接の対象にされないことが圧倒的に多い。

　つまり，学生を対象にして進められたわが国のビッグファイブ尺度が職場で働く人にどこまで適用可能なのかは，実はほぼわかっていない。この妥当性不足の問題はビッグファイブだけでなく，後述するダーク・トライアドを含むパーソナリティ特性全般にあてはまる。

　大学生と社会人では重視されるパーソナリティ特性が異なることがある。例えば，職場で先輩や上司から学ぶような「他者から学ぶことへの積極性」というパーソナリティ特性は，職場で働く社会人にとって非常に重要であることが筆者らの研究グループによる実証研究で示された（鈴木・池尻・池田・山内，

2021）。大学生は講義をとおした知識習得がいまだに多く，他者からというよりも教科書から学ぶことが多いのに対して，社会人は教科書ではなく目の前や隣にいる他者から積極的に学ぶことが大事になるということだ。このような違いが，これまでのわが国のパーソナリティ特性研究で正面から扱われたことはほぼないと言ってよいだろう。

　米国には例えばSIOP（Society for Industrial and Organizational Psychology）という，組織心理学を扱う有名な国際団体がある。SIOPの会合では米国だけではなく欧州やアジアなどからも研究者が集って発表を行い，そこに企業実務家も参加することで性格と労働の関係が盛んに議論されている。

　わが国ではメンタルヘルスなどの個別分野を除いて，このような研究理論とビジネス実践の往還の場が少ないことも産業組織とビジネス場面でパーソナリティ理論が注目されてこなかった一因である。パーソナリティについては新卒採用や中途採用で用いる性格検査でしか関わらず，詳しいことは知らないという人が多い。

　これらの背景が絡み合って，「性格と労働」を解説した教科書がこれまで日本国内で発刊されてこなかったものと思われる。なお，労働と仕事という語について研究分野によっては使い分けることもあるが，本書では同じ意味として用いている。

学術研究の確かな系譜

　本書は学術的背景を有するため，性格と労働について学術研究上の系譜にあらかじめ触れておく。

　パーソナリティ特性についてはAllport & Odbert（1936）などの研究を端緒として，わが国では青木（1971）が，パーソナリティとは個人の傾向性を示す，一貫して永続的な意味を持つ特性表現であると述べた。辻・藤島・辻・夏野・向山・山田・森田・秦（1997）は，通状況的一貫性と継時的安定性がパーソナリティ特性の特徴であることを報告した。比較的近年の研究では，髙橋（2010）が，状況や時間を越えてある程度一貫し安定した，その人らしい独自の行動の仕方を決定する心理的特性で，すなわち通状況的一貫性と時間的安定性を備えているものである，とパーソナリティ特性を定義した。

　本書ではパーソナリティ特性の定義として上述の髙橋（2010）によるものを
用いる。パーソナリティ特性の主流な国際的定義と同様のものである。

　パーソナリティ特性は「状況（situation）」の議論とともに発展してきた系
譜がある。パーソナリティ特性の定義の一部に「通状況的一貫性」がある。こ
れは様々な状況をとおして一貫してパーソナリティ特性が保持され，行動とし
て発現されるというものである。古典的なパーソナリティ特性理論では通状況
的一貫性が強く仮定されていた。

　これに対して個別の状況によって人間の行動が変わり得ることを強く主張し
て，古典的なパーソナリティ特性理論が前提とするほどの強い通状況的一貫性
は認められないと主張したのが有名なMischel（1968）の状況論である。これ
以来，世界の多くの研究者を巻き込んだ長年の大論争が巻き起こった。人間が
持つパーソナリティ特性によって行動が規定されるのか，それとも，人間を取
り巻く状況によって行動が規定されるのか，といった論争であり，「人間－状
況論争」と呼ばれる。

　長年の大論争の結果，パーソナリティ特性研究が得たものは多い。結果とし
て，特定の状況による効果を認めながらも，ある程度の通状況的一貫性も認め
るというところに議論が着地したように思われる。状況を特定することの重要
性は，例えば「特性活性化理論（trait activation theory）」などの形で今日の
パーソナリティ特性理論の検討に活かされている。

　これまでのパーソナリティ特性研究で中心的に扱われてきた状況としては，
学生のほか，乳幼児，受刑者，精神疾患者などがあった。そして，労働も欧米
の研究では重要な状況として認識されるに至っている。

　労働の状況では，会社やチームという組織を単位とした生産性や問題行動な
どを扱うことが他の状況に比した独自の特徴になる。それらをアウトカムとし
たときに焦点化されるパーソナリティ特性は学生などの他の状況とは一部にお
いて異なるため，労働の状況が学術研究上の有用な価値を持つものとして取り
上げられてきた（例えばKessler, Bandelli, Spector, Borman, Nelson, & Penney,
2010；Jonason, Slomski, & Partyka, 2012；Babiak & Hare, 2006；Wille, De
Fruyt, & De Clercq, 2013；Spain, Harms, & LeBreton, 2014；Bennett &
Robinson, 2000など）。

　2019年総務省統計によると，わが国の労働力人口は6,909万人にのぼり，国民の半分以上を占める。つまり，多くの人にとって職場は身近な状況であり，生活の少なくない部分を占めている。学生としての期間よりも労働者としての期間のほうが長いという人も多く存在するだろう。

　学業を状況とした場合と労働を状況とした場合でパーソナリティ特性の差異があることは先述したとおりであるが，状況間の一般化可能性が不確かなままに学生を対象にして得られた研究をそのまま労働の状況に適用するのは科学的態度とは言えない。そこに労働の状況を取り上げることの学術系譜上の意義がある。本書は性格と労働の関係を日本で展開して論じるものである。

「性格と仕事」の本邦初の教科書

　本書は，長年盛んに進められてきたパーソナリティについての膨大な学術研究を渉猟して，そこから得られた知見を体系的に解説しながら，性格と仕事の関係を明らかにした，本邦初の教科書である。

　わが国で，性格と仕事についての科学研究を学術研究者だけでなくビジネスパーソンにも読みやすく解説した書籍はこれまでに存在しなかったと思う。本書はパーソナリティについての知識に乏しい経営分野の学術研究者への入門書となっており，さらに産業組織で日々働き，仕事とチームに向き合うビジネスパーソンにも読みやすい内容になっている。

　筆者は，パーソナリティに基づく企業の人的資源管理理論を専門にする研究者である。関連する学術論文を国内外の複数の学会で発表してきた。2022年度からは日本学術振興会科学研究費助成事業の審査において関連研究テーマが採択され（研究課題名『産業組織における労働者のパーソナリティ構造の解明』），性格理論と仕事状況の融合という，わが国では前例のないチャレンジを伴う研究を進めており，日々知見を積み重ねている。

　実務面でも，パーソナリティ理論を用いた社員検査や就職試験で大学生が受ける適性検査などを実際に複数社でゼロから開発し，その効果検証も長年行ってきた。本書を執筆している現在も，筆者が開発したパーソナリティ特性検査を導入している国内大手企業が存在する。

　企業経営と仕事現場に豊かな示唆が得られるように理論知だけではなく実践

知も踏まえた内容になっている。

　性格と労働の関係を捉える上での本書の構成を以下に述べる。

　第1章は，「職場内問題行動」をパーソナリティから考えた。職場にいる「嫌な人」や「酷い人」の心の中に何があるのかを「ダーク・トライアド」という世界的に有名なパーソナリティ特性研究によって解説した。その研究成果を学ぶことによって，明日からどのようにそれらの人に向き合えばよいのかも解説した。注目していただきたいキーワードは「マキャベリアニズム」「ナルシシズム」「サイコパシー」である。

　第2章は，「職場内人間関係」をパーソナリティから考えた。職場で，自分が常に優位に立ちたがる，とても偉そうな人にどう向き合うか，または，とにかく不平不満が多く，派閥で群れたがる人に巻き込まれないようにするにはどうすればいいのか，さらに，他人よりも自分が一番嫌いだという人がどのように職場での日々を過ごせばいいのか，という問いへの答えを解説した。注目していただきたいキーワードは「自尊感情」「仮想的有能感」「存在脅威管理理論」「HSP」である。

　第3章は，「向いている仕事」をパーソナリティから考えた。例えば，「君は暗いから仕事ができないんだ」などの上司からの叱責にどう向き合うか，自分に向いている仕事がわからずに途方に暮れている人はどうすればいいのか，仕事で失敗続きの自分が惨めすぎて仕事をもうやめたいと思ったときにどうするか，という問いについての答えを解説した。注目していただきたいキーワードは「パーソナリティの安定性」「状況論」「適職」「レジリエンス」である。

　第4章は，「企業内人材育成」をパーソナリティから考えた。心理的安全性を導入したのに全く職場が変わらないのはなぜなのか，1 on 1 ミーティングを実施したのに人材育成が全く進まないのはなぜなのか，さらに，最近の若手社員に対してどう褒めてまたは叱って接すればいいのか，という問いへの答えを解説した。

　ここ数年で急激に日本企業に導入が進んだ心理的安全性と1 on 1 ミーティングについてパーソナリティ特性を理解することでより高い効果を目指せること，そして，Z世代とも称される最近の若手社員と接するための考え方を解説した。注目していただきたいキーワードは「採用研究」「選抜研究」「経験学

習」「内省と反芻」「私的自意識と公的自意識」である。

　第5章は，「仕事での頭の良さ」に着眼して，パーソナリティとの関係性を踏まえながら仕事のパフォーマンスを考えた。理論的に知的能力はパーソナリティ特性には該当しないが，パーソナリティ以外に「頭の良さ」で仕事のパフォーマンスが決まるのではないか，また，パーソナリティと知的能力にどのような関係があるか，という問いへの答えを用意した。注目していただきたいキーワードは「GRIT」「一般知的能力」「知能の2因子説」「多重知能理論」である。

　以上，本書によって日々の仕事の辛さが軽減し，働く喜びが得られ，充実した日々を送る一助になれば幸いである。我々の生活基盤である「仕事」という行為が「性格」の知識によってより一層と輝き，一人ひとりの仕事人生の充実につながることを願っている。

第 1 章

性格と職場内問題行動

1.1.　ダーク・トライアド

―――― 本節のテーマ ――――

「あの人は，なぜあんなに嫌な人なのだろう」「あんなに酷いことをする上司が，なぜあそこまで出世したのだろう」。

このような疑問を持ったことがある人は少なくないはずだ。

職場で問題を起こす人の特徴は，これまで体系的に論じられることがなかった。単に「他人に興味がない人」「困った人」などと単発的・分散的に表現されるにとどまっていた。そのため，何があの「嫌な人」の狙いで真意なのかがよくわからなかった。なぜあの「酷い上司」が出世したのかという背景もよくわからなかった。

しかし，今世紀になってから職場で問題を起こす人のパーソナリティ特性とは何かが体系を伴って明らかにされ始めた。この研究はカナダを拠点として国際的に発表されたのを契機にして現在，世界的な一大潮流になっている。

以下に，そのパーソナリティ特性研究をもとにして，嫌な人や酷い人の正体とそういう人ほど仕事で出世するメカニズムを解説する。

1.1.1.　職場には悪の三要素を持つ人がいる

そのパーソナリティ特性とは，「ダーク・トライアド（Dark Triad）」である。

ダーク・トライアドは「悪の三要素」とも言われる。悪の三要素を心の中に持つ人間が存在することが明らかにされてきた。そして，職場を荒らす問題行動を起こす人は悪の三要素が高い人であることが学術研究をとおして報告された（O'Boyle, Forsyth, Banks, & McDaniel, 2012）。

ダーク・トライアドは，カナダのブリティッシュコロンビア大学のDelroy Paulhusら（Paulhus & Williams, 2002）によって2002年に体系化され，国際

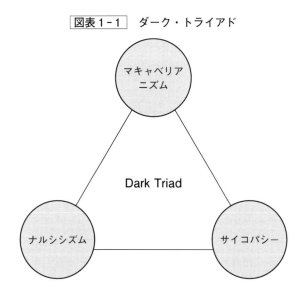

図表1-1　ダーク・トライアド

的に発表された。以降，世界中で研究が非常に盛んになされている。わが国で
は経営学分野では見られないものの，2010年代以降，心理学分野では学術研究
がなされている。ダーク・トライアドの構成要素を**図表1-1**に示した。

　第一の要素の「マキャベリアニズム」は，ルネサンス期イタリアの政治的混
乱を生きたNiccolò Machiavelliによって16世紀にまとめられた『君主論』に端
を発するものである。

　マキャベリの『君主論』に代表される人間の心理的特性はダーク・トライア
ドとして体系化される前から組織におけるパーソナリティ特性として長年注目
されてきた（ロビンス，2009）。産業組織における人的資源管理論では職場で
働く人のダークサイドの代表例とも言える特性である。

　マキャベリアニズムとは，他者を信頼せず，他者をコントロールしようとし，
道徳心がなく，何かをごまかし，嘘をついてでも自己利益を最大化しようとす
る特性を指す（Dahling, Whitaker, & Levy, 2009）。マキャベリアニズムが高
い人を「マキャベリアン」と呼ぶ。

　職場では，例えば，傍若無人で出世のためには手段を選ばず，自分の不利に
なることは隠蔽をすることも厭わずに，嘘をついたり，データや実績を捏造し
て顧客を操り，購入させたりするような人が該当するだろう。データを捏造し

てもバレなければいい，と平気で言う人である。

　第二の要素の「ナルシシズム」とは，過度な自己愛と自己中心性による特性を指す（American Psychological Association；Campbell, 1999；Raskin & Hall, 1979など）。

　ナルシシズムには，自分への尊大な見方を持つこと（Kernberg, 1989），他者を劣っていると信じ，他者からのフィードバックを遮断すること（Morf & Rhodewalt, 2001），自分に対して特権意識を持つことが構成概念として含まれることがこれまでの学術研究をとおして報告されている（Emmons, 1984）。ナルシシズムの高い人を「ナルシシスト」と呼ぶ。

　ナルシシズムは，もともとパーソナリティ障害として扱われていた。しかし，障害レベルでなくても，ある程度のナルシシズムを持つことがこれまでの研究からわかってきた。産業組織で働く人にナルシシズムの考え方を適用するのはそのような歴史的背景がある。

　ナルシシズムの高さが産業組織におけるリーダーシップの低さと関連することが報告されている（Resick, Whitman, Weingarden, & Hiller, 2009）。職場では，例えば，自分だけが大好きで，自分のアイデアに固執し，他者からの意見を無視して，イエスマンばかりを周囲に置きたがる人などが該当するだろう。このような人は他者からの注意に耳を貸さずに暴走したり，自分が特別扱いされないと不機嫌になって敵意をむき出しにしたりすることがある。

　第三の要素の「サイコパシー」は，映画などでたまに聞く言葉だろう。サイコパシーとは，他者と社会ルールへの関心が欠如しており，他者を傷つけることへの良心の呵責や罪悪感が欠如していて，衝動性を併せ持つ特性を指す（O'Boyle *et al.*, 2012）。サイコパシーの高い人を「サイコパス」と呼ぶ。

　例えば，連続殺人を犯す人だけではなく，日常的にサイコパスという表現がわが国でも用いられ始めている。サイコパシーもナルシシズムと同様に，もともとパーソナリティ障害に分類されていたが，昨今の学術研究をとおして仕事の状況にも適用可能なパーソナリティ特性として今日では考えられるに至っている。

　職場であなたの隣にもサイコパスはいるかもしれない。職場では，例えば，部下のミスに対して部下の気持ちを全く気にせずに大声で激しく非難して，逃

げ道を全く与えずに極限まで部下を追い詰めるような上司が該当するだろう。職場のルールを平気で破り，それによって周囲から煙たがられても，全く意に介せずに平然と日々を過ごすような人も該当するだろう。

1.1.2. | ダーク＝職場内問題行動という 単純な話ではない

　ダーク・トライアドの三要素は，いずれも職場での成功とはかけ離れた職場内問題行動に直結しそうであり，それを裏付ける学術研究も存在する。

　しかし，実際はそう単純な話ではない。

　産業組織で働く人への実査結果をとおして，ダーク・トライアドの高さが仕事での成功につながっていることを示した有名な研究がある（Spurk, Keller, & Hirschi, 2016）。同研究では，793名の労働者を対象に調査が実施された。**図表1-2**に同研究の主な結果を示した。

　マキャベリアニズムは「リーダーとしてのポジションに就く」ことに対して $Exp(B) = .23(p<.01)$，「キャリアへの満足度が高い」ことに対して $\beta = .11(p<.05)$ という有意な正の影響関係を示した。すなわち，マキャベリアニズムが高いほどリーダーとしてのポジションに就きやすく，キャリアへの満足度が高くなるということだ。

　ナルシシズムは「高い給与」を得ることに対して $\beta = .17(p<.01)$ という有意な正の影響関係を示した。ナルシシズムが高いほど給与が高くなるということ

図表1-2	マキャベリアン・ナルシシストと仕事の成功		
	高い給与	リーダーとしての ポジションに就く	キャリアへの 満足度が高い
	β	$Exp(B)$	β
マキャベリアニズム		.23	.11
ナルシシズム	.17		
サイコパシー	−.08	−.12	−.18

有意な係数のみ示した。Step1とStep2でどちらも有意な場合は絶対値の大きい数字のみを示した。
（出所）　Spurk *et al.*（2016）による分析のStep1とStep2を統合した結果を筆者作表

だ。

　一方で，サイコパシーは「高い給与」（$\beta = -.08$），「リーダーとしてのポジションに就く」（$\mathrm{Exp}(B) = -.12$），「キャリアへの満足度が高い」（$\beta = -.18$）と全て有意な負の影響関係を示した。サイコパシーが高いほど給与は低くなり，リーダーとしてのポジションに就きにくく，キャリアへの満足度が低くなるということだ。

　つまり，ダーク・トライアドの三要素のうち，マキャベリアニズムとナルシシズムが高いほど職場での成功につながるということだ。

1.1.3. マキャベリアンとナルシシストがなぜ仕事で成功するのか

　当初の予想に反したこの結果が職場で生まれるのはなぜなのだろうか。マキャベリアンとナルシシストに着目してみよう。

　Jonason, Slomski, & Partyka（2012）による興味深い研究がある。同研究ではマキャベリアニズムとナルシシズムについて組織行動（organizational behavior：OB）との関係を分析した（図表1-3）。

図表1-3　マキャベリアニズムとナルシシズムの組織行動

	マキャベリアニズム	ナルシシズム
ハードな組織行動		
人を操る	.63	.39
罰すると脅す	.22	.17
ソフトな組織行動		
冗談を言う	.33	.21
褒める	.23	.19
好意を示す	.23	
連携を組む	.37	.19

有意な相関係数のみ示した。
（出所）　Jonason *et al.*（2012）の主な結果をもとに筆者作成

　マキャベリアニズムは「人を操る」「罰すると脅す」というハードな組織行動と有意な正の相関係数を示した。相関係数の大きさから，マキャベリアンはそれらの組織行動をナルシシストに比べてよく採用することが示された。

　その一方で，マキャベリアニズムは「冗談を言う」「褒める」「好意を示す」「連携を組む」というソフトな組織行動とも有意な正の相関係数を示した。いずれもナルシシズムに比べて高い相関係数を示した。すなわち，マキャベリアンはハードな組織行動をとる反面，ソフトな組織行動をよく採用するという結果だった。

　マキャベリアンは，他者を信頼せず，他者をコントロールしようとし，道徳心がなく，何かをごまかし，嘘をついてでも自己利益を最大化しようとする人であるが，同時に，職場における権力や社会的地位の獲得，自己のコントロール範囲の拡大に高い動機付けを有する人でもあることが明らかにされている（Kessler, Bandelli, Spector, Borman, Nelson, & Penney, 2010 ; Dahling *et al.*, 2009）。

　自分の周りの陣容を固め，自分が出世するために必要とあらば，ハードな組織行動をとるだけではなく，他人に冗談を言い，褒めて，好意を示し，連携を組むという面がマキャベリアンにはあり，それが成功したときにリーダーとしてのポジションに就きやすくなり，キャリアへの満足度が高くなるものと考察される。

　ナルシシズムは「人を操る」「罰すると脅す」というハードな組織行動と有意な正の相関係数を示した。また，「冗談を言う」「褒める」「連携を組む」というソフトな組織行動と有意な正の相関係数を示した。すなわち，ナルシシストはハードな組織行動をとる反面，ソフトな組織行動も採用するという結果だった。

　ナルシシストは，過度な自己愛と自己中心性を根底に据え，尊大な自分像と特権意識を持って，他者を劣っていると信じ，他者からのフィードバックを遮断する人であるが，同時に，尊大な自己像を持つことで高い目標の達成を自分に課し，自分を鼓舞する人でもあることが明らかにされている（Elliot & Thrash, 2001 ; Campbell, Reeder, Sedikides, & Elliot, 2000）。

　そのような高い目標の達成に向けて，ナルシシストは職場でハードのみなら

ずソフトな組織行動を採用し，必要とあらば他者をうまく巻き込み，その結果として自己愛を満足させるような成功を獲得しようとしており，それが成功したときに高い給与を得るものと考察される。

　なお，ナルシシストの場合，いずれの組織行動もマキャベリアンに比して低い相関係数を示した。他者ではなく自己を中心に置くナルシシストにとって他者の存在は，人間集団を前提とした権力拡大を志向するマキャベリアンほどは大きくないということだろう。

　以上から，マキャベリアニズムとナルシシズムは，その定義からわかるとおり，職場で有害な要因になると同時に，場合によっては仕事の成功にもつながるという，二面性のある特性として解釈される（**図表1-4**）。

　この二面性は理論や実証に基づいて解説されたときには理解できるのだが，理論・実証がないままに職場で遭遇すると理解に難しい。

　権力欲に駆られて嘘をついてでもメンバーを支配しようとしてくるような嫌な人，他者からの批判に耳を貸さずに勝手に暴走して職場を荒らすような酷い人の正体の一部は，マキャベリアニズムとナルシシズムの二面性に求めることができる。

　なお，社会的地位の獲得に意欲が高いマキャベリアンは経営や高度な意思決

図表1-4　**マキャベリアンとナルシシストの二面性**

マキャベリアニズム

・自己利益を最大化 ・目的達成のためには手段を選ばず，道徳心が低い ・他者を操る ・他者を信頼しない		・組織内の権力獲得への高い意欲 ・自己のコントロール範囲を拡大することへの高い意欲 ・社会的地位獲得への高い動機付け

ナルシシズム

・過度な自己愛 ・他者よりも自分が中心 ・特権意識が高い ・他者を劣っていると考える		・高い達成目標を自分に課す ・自分を鼓舞する

定に関わる職業を選択する傾向があることが知られており，例えばカウンセ
ラーやソーシャルワーカーよりも精神科医にマキャベリアンが多い可能性も示
唆されている（Fehr, Samson, & Paulhus, 1992）。

1.1.4. 多くの役割を一人で持つ仕事の状況では 特性論が大事

　ダーク・トライアドの高い人を職場で理解するために必要となる心理学の基
礎知識がある。それは「類型論」と「特性論」である。パーソナリティは伝統
的に類型論と特性論の各系譜で研究されてきた（**図表1-5**）。

　類型論は，特定のタイプに人間のパーソナリティを分類する。例えば，類型
論で世界的に有名な理論に，ユングの「内向型・外向型」があり，人間のパー
ソナリティを内向型か外向型かというタイプで分類しようとしたものである。

　シュプランガーの生活形式による6つのタイプ分類も有名だ。シュプラン
ガーは，個人が生活の中で最も価値を認めており，興味を持っていることをも
とにして，個人のパーソナリティを「理論型」「権力型」「社会型」「審美型」
「経済型」「宗教型」に分けた。例えば，「理論型」は事物を客観的に見て，論
理的な知識体系を創造することに価値をおく人，「権力型」は権力を求め，他

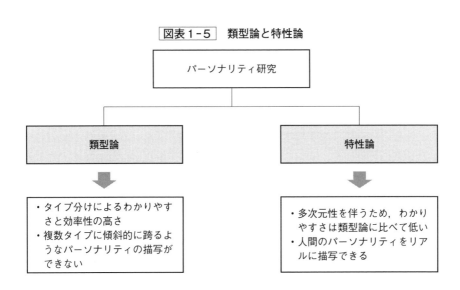

図表1-5　類型論と特性論

パーソナリティ研究

類型論

・タイプ分けによるわかりやす
　さと効率性の高さ
・複数タイプに傾斜的に跨るよ
　うなパーソナリティの描写が
　できない

特性論

・多次元性を伴うため，わかり
　やすさは類型論に比べて低い
・人間のパーソナリティをリア
　ルに描写できる

人を支配することに価値をおく人，「社会型」は人間を愛し，進歩させること
に価値をおく人，というような分類がなされる（戸田・サトウ・伊藤, 2005）。

　特性論は，パーソナリティを複数の「因子」と「項目」に分けて，その因子
と項目の強弱の組み合わせによって人間のパーソナリティを記述する。

　例えば，勤怠がしっかりしていて，納期遵守や品質確保に厳しく取り組む人
がいる。他の仕事でも高い成果をあげそうに一見思える。しかし，取り組む範
囲があらかじめ決まっていない，新規事業や海外事業などの非定型業務になる
と急に弱みを見せてしまう。こんな人を見たことはないだろうか。

　この人は「勤勉性」という単一タイプだけでは十分な理解ができず，「開放
性」もあわせて，それらの兼ね合いの中で理解されるべき人である。決められ
たことを遂行するような仕事では高い成果を発揮するが，自分で考え，革新を
主導するような仕事になると，どう動いてよいかわからないし，そのような範
囲が曖昧な仕事はもともと嫌いな人だ。

　特性論では「勤勉性」と「開放性」は別個の因子であることが既に多数の学
術研究をとおして報告されており，欧米やわが国を含む世界の共通的認識に
なっている。

　実際には，シュプランガーのタイプで「権力型」に該当する人であっても
「社会型」のような性格を発揮する場合もある。例えば，組織内での権力拡大
に躍起になっていて社内に敵が多いような人であっても，自分が気に入った部
下とは人間関係が強固に構築されているという場合がある。このような人に対
して「権力型」という単一のタイプ分類をもとにした人間理解は適切ではない。

　ダーク・トライアドは主に特性論に則ると考えるのが一般的である。マキャ
ベリアンであり，ナルシシストでもあり，サイコパスでもあるという人がいる
し，または，それらのうちの一部のみが高いという人もいる。もちろん全ての
特性が低い人もいる。すなわち，ダーク・トライアドはパーソナリティの多次
元性を認めているということだ。

　特性論は，グラデーションの考え方を採ることも特徴的だ。例えば，マキャ
ベリアンといっても個々人によってその程度は一律ではなく程度差がある。マ
キャベリアニズムが非常に高い人もいれば，やや高い人もいるということであ
る。このような程度差を認めるのが特性論による考え方である。

　パーソナリティ研究の国内外の潮流では類型論よりも特性論が主流になっている。それは複雑な人間心理のリアリティを多くの次元でグラデーションを伴って記述することのほうが妥当な場合が多いからだ。

　特に職場という状況は，上司，同僚，部下，顧客など多くの役割を一人の個人が持つことが多く，複雑性が高い。そのような職場では多次元性と程度差による複雑な個性記述が可能な特性論のほうが適していることが多い。

1.1.5. | 類型論で考えるから職場が辛くなる

　我々が普段，多忙な職場で他者をどのように認識しがちであるのかを考えていこう。

　職場で接する他者に対して「嫌な人」「酷い人」またはその逆に「好きな人」「良い人」などと，いわばラベルを貼りがちではないだろうか。

　例えば，出世のためには手段を選ばず，自分の不利になることは隠蔽をすることも厭わずに，嘘をついて部下をうまく使うＡさんという上司がいる。あなたがＡさんの部下だったら，Ａさんは「嫌な人」というラベルが貼られるべき人物だと思うかもしれない。

　しかし，Ａさんは，そのような嫌な面があると同時に，組織における権力拡大に向けて用意周到な準備をする戦略家でもある。部下が提出したアイデアについて，Ａさんが自己の出世のために使えると判断すれば経営会議の稟議を通せるだけの影響力を持っている。Ａさんを「嫌な人」だけのタイプに分類してしまう類型論的な他者認知では，この戦略家で頼りになる個性を認めることはできない。

　自信過剰で特別意識を持ち，職場のメンバーの意見に耳を貸さずに自分のアイデアに固執するＢさんがいる。この面だけを見ればＢさんは「酷い人」というラベルが貼られるべき人物だと思うかもしれない。

　しかし，Ｂさんは，自分に高い目標を設定して，その達成に向けて熱心に取り組む努力家でもある。Ｂさんを「酷い人」だけのタイプに分類してしまう類型論的な他者認知では，Ｂさんの良さを組織で活かすことはできない。

　職場の多忙な毎日の中で我々はつい他者を単一の軸（嫌な人かどうかなど）のみで評価してしまう。一度決めつけてしまった人は，その決めつけと反する

行動については見て見ぬふりをするか，決めつけと異なる姿勢には何か裏があるのだろうという勘繰りを繰り返す。

　あなたにとっては，とても嫌いで，顔を見るのも苦痛だと感じる上司について，同じ職場にいる他の部下はそれほどその上司のことを嫌いではないということがある。他の部下とあなたの認識が一致しないのは，その上司を見ている次元が異なるからである。

　あなたの次元は「嫌な人かどうか」であるのに対して，他の部下の次元は「組織で案件をどんどん進めてくれる人かどうか」であるような場合である。強引でズルさはあっても，その上司は組織で稟議を通してくれる。だから，あなたにとってはとても嫌な上司でも，他の人にとってはそれほど嫌な上司ではなかったりする。

　このとき，あなたが「その上司を嫌いだ」という態度を周囲に見せれば見せるほど「悪いのはその上司ではなく，そんなことを言うあなたのほうだ」という職場の雰囲気になることもある。あなたにとっては，とてもやりきれないだろう。

　特性論による他者認知ができる人は，その上司に対して「嫌な面はあるが，影響力がある」というように「AだがBもある」というようなフォーマットを用いる。つまり，単一次元でなく多次元で他者を捉えている。

　職場には「人間がよくできた人」がいる。そういう人の言動を観察してみると単一軸のみで他者を語ることが非常に少ない。「AだがBもある」というフォーマットで職場の皆と接しているため，対人関係のバランスがとれた印象を与え，職場で無駄に敵を作らない。

　特性論による他者認知を用いることで，次元固定によって自分を苦しめてしまう状態から脱することができる。これまで見えていなかったり，見て見ぬふりをしていたりした他者の多様な面に気付き，対人関係をしなやかに築く一助になる（**図表1-6**）。

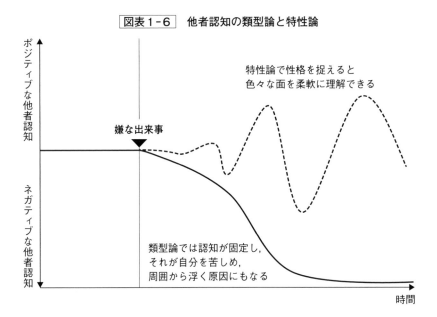

図表1-6　　他者認知の類型論と特性論

特性論で性格を捉えると
色々な面を柔軟に理解できる

嫌な出来事

類型論では認知が固定し,
それが自分を苦しめ,
周囲から浮く原因にもなる

ポジティブな他者認知

ネガティブな他者認知

時間

　「あの人は，なぜあんなに嫌な人なのだろう」「あんなに酷い上司が，なぜ出世したのだろう」という「嫌かどうか」「酷いかどうか」という単一方向ではなく，複数のパーソナリティ特性によって職場の他者を理解しようとする上で，昨今のダーク・トライアド研究は一つの方向性を示している。

　これまではよくわからなかった嫌な人や酷い人について，それらの人にも嫌だと思われ，酷いと思われるような行動をとるそれなりの理由や動機があり，そして，それが良いアウトカムにつながることもある。二面性のリアリティから目を背けずに向き合うことが職場の問題行動を理解し，対処するための礎になる。

1.2. サイコパスとマキャベリアンの問題行動

―――――― 本節のテーマ ――――――

　問題行動をとっているのに，周囲の人間をうまく取り込んで，その問題をうやむやにするような「ズル賢い人」があなたの職場にいないだろうか。

　ある営業チームで顧客の新規開拓に苦労していた社員Cさんがいた。Cさんは月次の目標受注金額を達成するため，自社の中核的事業とは全く関係がない下請案件で何とか毎月のノルマをしのいでいた。それを心配した社員Dさんは，自分が苦労して長期間かけて新規開拓に成功した案件を分け与えた。その案件は下請案件ではなく，自社の中核的事業を取り扱う案件のため，Cさんもこれでやっと組織に貢献できるはずだとDさんは考えた。

　しかし，1カ月後の月次営業会議でCさんはDさんにこう言い放った。「Dさんは最近新規案件の開拓が滞っているようだ。組織に全く貢献していないのではないか」。つまり，Cさんは自分が案件をDさんから分け与えられたことをなかったことにして，あの顧客は最初から自分が開拓して成約したようにチーム全体に見せかけようとしたのである。

　Cさんのプライドに配慮して，自分の案件をCさんに分け与えたことをあえてチーム内にオープンにしていなかったDさんは，Cさんの周囲の人々が，あの案件はCさんが最初から新規開拓したものだと思い込んでいる中で説明に大変苦心した。Dさんが嘘をついたり，言い訳をしたりしているようにしか聞こえない，と言う社員まであらわれる始末だった…。

　職場にはCさんのような理解に苦しむ人がいる。そして，このような人がときとして組織の中をうまく泳いで，仲間を大勢作って勢いを増すこともある。なぜ，このような常軌を逸した人が職場に存在するのだろうか。その人の心にはどのような感情が渦巻いているのだろうか。

1.2.1. 職場には善い創造性と悪い創造性がある

　クリエイティビティ（creativity：創造性）は，心理学領域で長年盛んに研究がなされてきた分野である。創造性には様々な定義があるが，Kapoor（2015）によれば，独自の発想をし，それを利用する人々に便益をもたらすことを考えるプロセスを指す，と定義される。

　心理学研究では「創造性は善いものである」と長年考えられてきた。そこでの創造性とは例えば，科学的発見，ビジネス・イノベーション，社会システムの改善，文化・芸術などがイメージされてきた。

　しかし，近年の海外の心理学研究では創造性には善いものばかりではなく悪いものもあるという，いわば創造性の負の側面が盛んに取り上げられている。この創造性の負の側面は「悪の創造性」という概念で論じられる（Cropley, Kaufman, & Cropley, 2008；Kapoor, 2015）。悪の創造性とは，他者を傷つける創造性のことを指す。このような研究動向は日本国内のビジネス場面ではほぼ知られていないだろう。

　例えば，仕事をサボりたいとき，仕事をしていないのにあたかも仕事をしているように周囲に思わせるにはどういう嘘をつけばいいのかを考えるには意外と頭を使う。嘘をついたときに，どうすればその嘘がばれないか，前後の辻褄があうのか，嘘に不自然さはないか，などを考えるのに一苦労した経験を持つ人は少なくないはずだ。仕事をサボるという行動は組織の生産性を阻害するため，組織にとって悪の創造性の一種である。

　また，職場で誰かを失墜させようとするときには周到な準備が必要とされる。安易な計画では逆に自分が返り討ちにあってしまうからだ。狙いが事前に悟られないように，ある意味で他人にはない斬新な発想に基づく準備が求められ，創造性が必要とされる。このような行動は特定の組織構成員のノックアウトを狙ったもので，少なくとも短期的には職場風土を悪化させる恐れがある。これも悪の創造性の一種になることがある。

　悪の創造性が高い人はなぜ，わざわざ善ではなく悪の方向に創造性を発揮するのだろうか。

　悪の創造性が高い人の心理的特性をダーク・トライアドの枠組みを用いて探

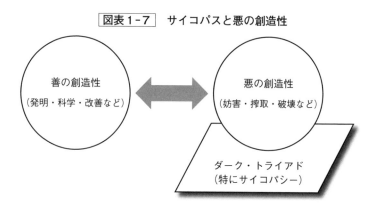

図表1-7　サイコパスと悪の創造性

究した研究がある（Kapoor, 2015）。この研究で示されたのはダーク・トライアドの中で特にサイコパシーが高い人ほど悪の創造性が高いということだった。

　他者と社会のルールへの関心が欠如しているサイコパスは自身が持つ創造性を発揮する際に善か悪かの判断をせず，自己の欲望のままに暴走して突き進み，それが他者を傷つける結果を生むということである（**図表1-7**）。

　誰かの迷惑になるようなことはしない，という良心の呵責が大きく欠落しているサイコパスがいたとき，他の人が「あんな迷惑なこと，なぜあの人はできるのだろうか」と考えても無駄である。

　なぜなら，他者と協調することについての一般常識はサイコパスには通用しないからだ。「誰かの迷惑になるようなことはしない」という一般的な職場ルールはサイコパスから見れば取るに足りないことなのである。そんなつまらないことよりも自己の欲望を満たすことこそが関心事なのだ。

　そのようなサイコパスに創造性が付け加わり，それが職場に蔓延すると組織的不正の温床になる。わが国のある大手メーカーが長年にわたって自社製品の欠陥を組織的に隠蔽していたことが新聞やニュースなどで大々的に報道されたことは記憶に新しい。社内外に欠陥をバレないようにするためには多くのデータや書類を捏造しなければならない。その辻褄合わせには想像を絶する労力が求められ，ある意味では斬新なアイデアが必要だ。

　まともに考えれば，その労力とアイデアを欠陥の修正・改善に費やせばよいのだが，そうは考えない人々が大手企業であっても少なくないということだろ

う。「欠陥がバレたら修正するのが大変で残業するのが嫌だ」「欠陥がバレたら自分の人事査定と出世競争にとって不利になる」などの自分たちの欲求を顧客の安全・安心よりも優先したということであろう。

　組織的不正は悪の創造性のチームプレイである。複雑に入り組んだ組織的不正は悪の創造性が十二分に発揮された結果だから見抜くのが非常に難しい。ある大手メーカーの品質不正は30年以上も続けられており，発覚時には大きな衝撃を日本経済全体に与えた。

1.2.2. 経営層にはサイコパスが多い

　産業組織における経営層（上級管理職）のサイコパスの割合が一般的割合よりも高いことを示した，世界的に有名な調査結果（Babiak & Hare, 2006）がある。Babiak & Hare（2006）の研究は海外で非常によく知られたものだ。

　この研究では約200名の優秀な上級管理職を対象にサイコパシーの調査が行われ，約3.5％がサイコパスに該当することが報告された。

　サイコパスの一般的な割合は約１％であると言われるため，上級管理職のサイコパス比率の高さに世界が驚いた（**図表1-8**）。

　同研究ではサイコパスかどうかが疑われるグレーゾーンに約10％が該当することもあわせて指摘された。約200名の上級管理職がいれば約20名はグレーゾーンに該当するものと想定される。グレーゾーンを合わせれば組織の中でサイコパス勢が一つの勢力になる恐れもある。

　サイコパスは感情をあまり持たずに，合理性が強く求められるような職場では重宝されるという研究（Wille, De Fruyt, & De Clercq, 2013）がある。経営層は会社全体の利益を最大化するため，ときとして人員カットや事業の売却など，非情な判断を下すことが求められる。感情に左右されていては冷静な経営判断ができないときもある。

　そのような職場の状況ではサイコパスが活躍することがあり，それが経営層におけるサイコパスの相対的多さの一因ではないかと推察される。

　サイコパスの経営層が悪の創造性を発揮するとき，組織全体に不正，ズル，汚い手法が蔓延する。短期的利益が減少することを恐れて品質不正を組織的に行い，それを隠蔽する，また，データを捏造して顧客に提供するといったこと

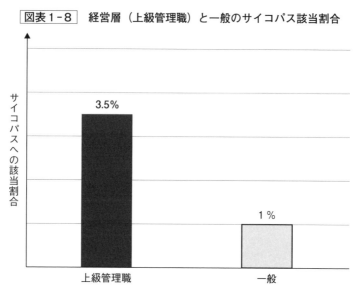

図表1-8　経営層（上級管理職）と一般のサイコパス該当割合

（出所）　Babiak & Hare（2006）をもとに筆者作図

が組織内に横行する。

　本来であれば経営層がそれをストップしなければならないのだが，経営層自身が問題に直面したときに，それを明らかにして報告し，改善するというより，何とか隠そう，何とかごまかそうということをファースト・チョイスとして考えるようになると，部下にもその思考様式が伝染してしまう。

　そのような職場では組織風土も悪くなる。顧客を軽視し，社会的役割を見失った職場では内部の雰囲気も悪くなる。気に食わないメンバーを卑下するために誰がより面白い表現を使うか，また，自分たちの言動を批判する者をいかに劇的に吊るし上げるか，などの「悪の創造性コンテスト」が日々開催される。

　本節の冒頭で例にあげた営業チームでは経営層と仲の良いメンバーが他のメンバーを批判することが日常化していて，いわば「創造的悪口コンテスト」が毎日開催されているような状態だった。その結果，多くのメンバーが辞めて業績が大きく悪化して，やがてほぼ誰もいなくなった。Ｄさんはいち早く退職して別の組織で大きく成功した。Ｃさん自身もいずれ居場所がなくなって退職した。

　組織的不正に悪の創造性を働かせている間に優秀な社員ほど辞めて外部に流出していく。その間，競合他社が市場と人材を奪っていく。

　職場にいる「ズル賢い人」は，これまでよくわからない人だった。しかし，サイコパシーとそれに関連した心理学研究は，そのような人の心理的特性を明らかにし始めている。心理的特性についての知識があれば，共感こそできないが一定の理解はできる。理解ができれば問題行動への対処のための歩みを進めることができる。理解ができなければ日々鬱屈とした雰囲気がチームに蔓延し，そこで働くのが辛くなる。

1.2.3. マキャベリアンの部下にとって 上司からの信頼は騙しの道具

　マキャベリアンの心理的特性について海外では歴史的に多数の研究がなされてきたが，わが国の経営学研究やビジネス現場ではそれがほぼ知られていないと言ってよい。ズル賢く組織を泳ぐ人が生む問題行動の根源を理解し対処するための知識が欧米では一部共有されているが，日本企業ではほぼ理解されていない。

　マキャベリアニズムについては「信頼（Trust）」との関係が古くから議論されてきた。信頼という概念はエンゲージメントや心理的安全性などの昨今浸透している経営学的概念を語る上で外せないものだ。信頼を職場のチーム内で醸成しようとするとき，マキャベリアニズムがどのような作用を及ぼすのだろうか。

　職場における上司－部下関係を想定した上で信頼とマキャベリアニズムの関連を実証的に明らかにした世界的に有名な研究（Harrell & Hartnagel, 1976）がある。

　この研究では，上司が部下に信頼を示す（または示さない）状況を想定して実験がなされた。部下についてはマキャベリアニズムがあらかじめ測定されて，マキャベリアニズムの高い部下（マキャベリアン）と低い部下（非マキャベリアン）に分類された。

　実験の結果，自分に信頼を示した上司に対して，マキャベリアンの部下は非マキャベリアンの部下よりも「その上司を信頼しにくい」と回答したことが明

らかになった。他者を信頼しようとしないマキャベリアンは，職場の上司からの信頼をそのまま好意的に受け取れないのが特徴的だった。

　さらに，この研究のユニークなところは，部下が上司からお金を盗むことが動機付けられる状況を実験的に作り，その状況下で，部下が上司からお金を盗むのか，そして盗む場合にいくら盗むのかを分析した点だった。

　自分に対して信頼を示した上司からお金を盗んだ部下の人数の割合は，マキャベリアンの部下のほうが非マキャベリアンの部下よりも圧倒的に多かった。すなわち，盗んだ人数の割合は非マキャベリアンの部下は24％だったのに対してマキャベリアンの部下は81％だった。

　自分に対して信頼を示さなかった上司から部下が盗んだ金額はマキャベリアンの部下と非マキャベリアンの部下との間で統計的な有意差は認められなかった。

　しかし，自分に対して信頼を示した上司から部下が盗んだ金額については，マキャベリアンの部下は非マキャベリアンの部下よりも約4倍多く，統計的な有意差が認められた（**図表1-9**）。

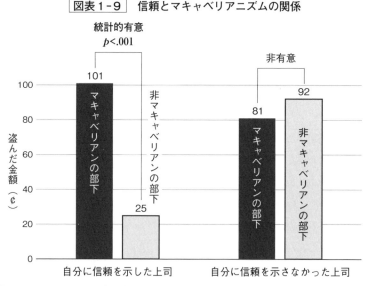

図表1-9　信頼とマキャベリアニズムの関係

（出所）　Harrell & Hartnagel（1976）をもとに筆者作図

　つまり，上司から信頼を寄せられてもそれを十分に受け取らないばかりか，その信頼を逆手に取って，より多くを盗み取るのがマキャベリアンの特徴であると解釈された。

　職場では，相手のためを思って自分の案件を分け与えても感謝せずに，逆に，そこで得た利益を利用して攻撃を仕掛けるような人である。他者から信頼を示された状況であっても心のスイッチが通常の人とは逆の方向に入り，信頼を示してきた人のその心の隙を突いて自分の利益拡大に走る，という通常は考えられない行動が特徴的だ。

　恩を返さず，自己利益になるようならば恩を仇で返す。このような行動を誰かにとられ，困惑し憤った経験がある読者も少なくないだろう。

　マキャベリアンが職場で他者の信頼を利用し，自己利益を最大化することで高い成果をあげることがあるのはこのような背景がある。

1.2.4. マキャベリアンは仕事の状況で常軌を逸した心理を持つ

　マキャベリアニズムの構成概念を確認的因子分析によって報告した研究がある（Dahling, Whitaker, & Levy, 2009）。同研究の結果，マキャベリアニズムは16個のパーソナリティ特性から構成され（**図表1-10**），4因子構造で記述可能なことが示された（**図表1-11**）。これらによってマキャベリアニズムについての詳細を把握できるため，図表1-10の主な項目を見ていこう。

　項目1から項目5は他者不信の因子に属する。項目1に「はい」と答える人は，それほど少なくないと予想される。企業という存在そのものが自社の利益によって（しばしば他社の利益を奪うことによって）成立しているものであるから，そこで働く個人のパーソナリティ特性として項目1にあてはまる人がある程度いるかもしれない。

　注目すべきは項目2である。項目2への該当は，組織に所属する上での大きな問題行動を生みかねない。組織に所属して働いている人の中にも集団にコミットすることへの違和感が強いため，なるべく会社と距離を置いて，深く関わらないようにしている人もいるだろう。また，自分では「組織にコミットしたくない。組織に所属したくない」と思う人であっても，独立起業する能力や

図表 1 -10　マキャベリアニズムの構成概念

他者不信
項目 1 「人間は個人的利益のみによって動機付けられている」
項目 2 「私は他者を信頼していないため，集団に対してコミットすることが嫌いだ」
項目 3 「チームメンバーは, ビジネスで成功するために, いつも陰で中傷し合っている」
項目 4 「もし仕事で弱みを見せたら，それを誰かに利用されるだろう」
項目 5 「他者は，私を利用して，自分が有利になるような状況を常に考えている」

地位への欲求
項目 6 「地位は人生の成功を示す格好のサインである」
項目 7 「資産を増やしていくことは私にとって重要なゴールだ」
項目 8 「私はいつかリッチになり，権力を手に入れたい」

コントロールへの欲求
項目 9 「対人場面において私は他者に指示を出すことを好む」
項目10 「私は他者をコントロールすることを楽しむ」
項目11 「私は状況をコントロールできることを楽しむ」

不道徳な他者操作
項目12 「嘘をつくことは, 他者に対する競争的優位を保持するために必要だと信じている」
項目13 「誰かと話す唯一の理由は，自分の利益になる情報を取得することだ」
項目14 「自分の成功に役立つと思う場合，倫理に反することを自ら進んで選ぶ」
項目15 「私の目的にとって脅威となる人物に対しては, その人物の邪魔をすることを好む」
項目16 「捕まる可能性が低いのならばズルいことをする」

（出所）　Dahling *et al.*（2009）をもとに筆者が和訳して作図

　強い意志がない場合，自分のパーソナリティ特性に反して組織に所属するということがある。だから，組織に貢献しようとせず，だからといって辞めることもないという人が職場にはいる。
　項目 3 と項目 4 は職場の状況が強く意識されたものだ。他者への信頼の低さがマキャベリアンの特徴である。職場のチームメンバーが実はいつも中傷し合っているわけではないのに，そういうものだと常に感じてしまう人だ。また，自分の弱みについて支援的態度を示してきた他者であっても，これは何かの罠だろうといつも勘繰る人である。仕事で弱みを見せたほうが実は好かれたり，誰かが助けてくれたりするかもしれないのに，その弱みを誰かに利用されると感じる人である。

　項目 5 について，たしかに他者が自分を利用しようとする場合も職場ではあるだろうが，マキャベリアンの場合は「常に」そのように感じることが特徴である。だから，相手が自分に信頼を寄せてきても信じないし，逆に，そういう人からの信頼を利用して自分が有利になる方法を考えるのである。

　項目 6 から項目 8 は地位への欲求の因子に属する。これらの質問には該当する人が少なくないかもしれない。

　項目 9 から項目11はコントロールへの欲求の因子に属する。項目10と項目11に「楽しむ」という表現があり，原文の英文尺度では「enjoy」と表記されている。つまり，単に他者や状況をコントロールできるほうが良いという意味合いではなく，それをエンジョイするというところにマキャベリアンの特徴が見える。

　項目12から項目16は不道徳な他者操作の因子に属する。注目すべきは項目13である。項目13にある「唯一の」という表現がマキャベリアンの特徴だ。誰かと話すことについて親和や愛着などの欲求を持たず，自分の利益になる情報を他者から引き出すことが唯一の理由である点にマキャベリアンの特異性がある。

　項目14は倫理に反することを誰かの指示で受動的に実行するのではなく，自ら進んで選ぶ点が特徴的だ。

　職場では例えば，自分が担当する製品で品質不正が見つかった場合，そのまま品質不正が社内外に知れわたってしまうと自分のキャリアに傷がつくことになりかねない。そのとき，隠蔽工作を自ら進んで行うような人である。また，会社で残業時間の上限が設けられ，パーソナルコンピュータの起動時刻によってそれが社内管理されているような職場において，パーソナルコンピュータの電源を切って夜遅くまで残業することを部下に命じるような管理職である。

　項目15も読者の身に染みる内容ではないだろうか。同じ会社内やチーム内で誰かが活躍しそうになると，その活躍によって自分の評価が相対的に下がってしまうことを恐れて邪魔をする人である。マキャベリアンは邪魔をしぶしぶ行うのではなく好んで行う。

　項目16には不正などのズルいことに対して倫理的な面での抵抗感を持たず，捕まる可能性という面から判断するというマキャベリアンならではの特徴が記述されている。

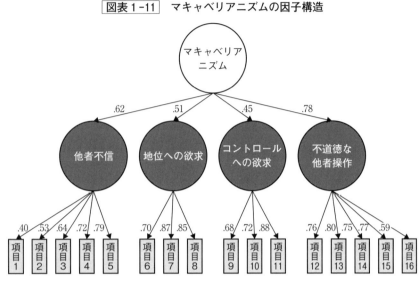

図表1-11　マキャベリアニズムの因子構造

誤差変数は省略した。
（出所）　Dahling *et al.*（2009）をもとに筆者作図

　これらの項目についての4因子構造は図表1-11に示すとおり，統計的に確認されている。
　マキャベリアンの常軌を逸した職場での組織行動の問題の根底にはこのような心理的特性があることが学術研究の結果，わかっている。職場で働く人にとって大きな気付きを与えるものだ。

1.3. サイコパスの問題行動とメタ分析

───────── 本節のテーマ ─────────
　人間は誰でもミスをしてしまうものだ。また，誰でも初心者の時期がある。新入社員のときから仕事を完璧にできる人はいない。今までと違う部署に異動したときに最初からその部署の仕事を完遂できる人もいない。
　ミスを犯したときや初心者の時期は上司からの指導を受ける。これは仕方がない。
　しかし，問題はその指導の方法である。ミスを犯して反省している部下に対して逃げ場がないように極限まで追い詰めて長時間説教する上司を見かけたことがある人もいるだろう。そういう上司は，もはや人間としての優しさがあるとは思えないほど言い方がきつく，執拗だ。なぜ，このような上司はしつこく，厳しすぎる指導をするのだろうか。
　また，長い研究の歴史を俯瞰するとき，そのような人は職場でどのような組織行動を示してきたのだろうか。

1.3.1. | サイコパスは人の痛みを感じにくい

　米国フロリダの司法施設に収容された犯罪者を対象にした世界的に有名な研究がある。まず犯罪者を対象にしてサイコパシー検査を行い，サイコパスと非サイコパスに分けた上で，スライド画像を提示したときの瞬目（まばたき）反応を調査した研究（Patrick, Bradley, & Lang, 1993）である。

　スライド画像には，一般的に好ましくないとされるもの（切断された手足，自分に狙いが定められた拳銃，蛇など），そしてそれと比較するために，一般的に好ましいとされるもの（食べ物，スポーツ，子どもなど）が用いられた。

　人間は好ましくないものを見たときに瞬目の回数が増えることがこれまでの学術研究によって知られている。

　非サイコパスの犯罪者は食べ物のスライド画像を見たときに比べて，切断された手足のスライド画像を見たときに瞬目の回数が増えた。

　しかし，サイコパスの犯罪者は異なる結果を示した。食べ物やスポーツのスライド画像と切断された手足のスライド画像との間で瞬目反応に差が見られなかったのだ。

　このようなサイコパスに特有な身体反応については海外における学術研究で多数報告されている。例えば，サイコパスは非サイコパスに比べて刺激に対する皮膚電位反応や心拍数の上昇があまり見られないこと，情動を調節する大脳辺縁系にある扁桃体の体積が小さいこと，自分の痛みの知覚が弱いことなどが報告されている。すなわち，自分と他者のどちらの痛みにも鈍感なのがサイコパスの特徴と言える。

　職場で部下の心の痛みに鈍感なサイコパスの上司は「自分がこんなことを言われたらショックで，会社にもう行きたくなくなる」という意識を持ちにくく，部下に非常に厳しい説教をするのだろう。説教している途中で部下が心理的に滅入ってしまい，部下の気持ちがもう限界ぎりぎりになって部下の表情にそれがあらわれてもサイコパスの上司にそれはあまり見えていないということだ。その上，サイコパスの特徴である衝動性の高さに起因して，上司が一度叱責するモードに入ってしまうと歯止めが利かなくなり，長時間にわたってしつこく部下を叱責する。

　叱責した部下が翌日出社しなくても「心配だな」「さすがに言いすぎてしまったな」などの感情はサイコパスの上司には湧きにくい。部下が数日間会社を休んでいる間もいつもと変わらずに淡々，平然と仕事ができるような上司である。

1.3.2. サイコパスに教育を施すと再犯率が上がる

　そのような上司について「コーチング研修が必要だ」「部下指導力を向上させる研修が必要だ」と考えて，教育研修を施したら効果はあるのだろうか。

　部下を限界まで追い詰めることをやめ，行動が改善する人ももちろんいるだろう。しかし，世界的に有名な研究（Rice, Harris, & Cormier, 1992）はその可能性に悲観的な見方を提供する。

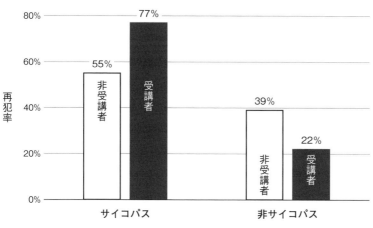

図表 1-12　サイコパスへの負の教育効果

(出所)　Rice *et al.* (1992) をもとに筆者作図

　同研究は，重警備施設における受刑者を対象にした10年以上の長期的追跡調査によって構成された。まず受刑者にサイコパシー検査を行い，サイコパスの受刑者と非サイコパスの受刑者を区分した。その上で，犯罪の常習性を減らすためのグループセラピーなどの治療プログラムを受刑者に実施して，再犯率が実際に減少したかどうかを10年以上の追跡調査によって実証的に報告した。その結果を**図表 1-12**に示した。

　図表 1-12に示したとおり，非サイコパスの受刑者の場合，暴力的犯罪の再犯率は治療プログラムを受講することによって低くなったと解釈された（治療プログラム非受講者では再犯率39％に対して治療プログラム受講者では再犯率22％）。犯罪を繰り返さないための治療プログラムの教育効果があったということだ。

　しかし，サイコパスの受刑者の場合は結果が異なった。治療プログラム受講者の暴力的犯罪の再犯率は77％と非常に高い水準を示した。治療プログラム非受講者の同再犯率は55％だった。つまり，サイコパスの場合，犯罪の常習性を改善するために専門家が開発した治療プログラムを受講したほうが再犯率が高くなってしまった。

　治療プログラムの学習項目は「他者の感情に気付く」「他者の立場に立って

みる」「自分の感情を込めて話す」「社会の中で生きる」「性急に自分の欲求を満たそうとしない（心理学概念における「満足遅延」)」などにより構成された。これらの学習項目がサイコパスにとっては暴力的犯罪を行う上でのさらなる細工や他者を操って搾取するための知識として学習されて，それが高い再犯率につながったとRice *et al.*（1992）は考察している。

　本書が対象にするのは職場で働く人であり，パーソナリティ障害としてのサイコパシーとの違いに留意する必要はあるが，職場でも思い当たる場面は数多い。

　例えば，注意すると逆に報復を仕掛けてくる人がいる。会議で反対意見を述べると別の会議でより大きな復讐をしてくる人である。もう何年も前に揉めたことを根に持って，忘れたころに仕返しをするような人である。「江戸の敵を長崎で討つ」人だ。これらの人は，誰かから注意を受けたら，それを新たな反撃のための情報・資料と怒りの燃料にしていつかやり返してやろうと思うのである。

　ことあるごとにしつこくつっかかってくる人があなたの職場にいないだろうか。そのとき，あなたはサイコパスを敵にまわしてしまったのかもしれない。過去にあなたがとった行動がサイコパスの復讐の炎の燃料と復讐遂行のための学習教材になっている可能性がある。あなたの言動が，あなたが確実に深く傷つくためのシミュレーションを組み立てる上での情報として使われているかもしれない。

　衝動性の高いサイコパスの場合，いつかやり返すのではなく，瞬間的にその場でやり返してくることがある。いわゆる「瞬間湯沸かし器」として職場で揶揄される人だ。このような人は会議で自分が少し批判されただけで，その場の衝動に任せて鬼のような形相で激しく反撃する。

1.3.3. 職場には頭の良いサイコパスがいる

　サイコパスと知的能力（知能）の関係を論じた有名な研究にDutton & McNab（2014）がある。同研究は知能の高低と暴力性の有無によるサイコパスの4象限を示した（**図表1-13**)。

　同研究によれば，知能が低く，非暴力的なサイコパスには軽犯罪者などが該

図表1-13 知能と暴力性の象限によるサイコパスの分類

	知能が高い	知能が低い
暴力的	犯罪組織のボス 特殊部隊	強盗
非暴力的	CEO 外科医 弁護士	軽犯罪者

（出所）　Dutton & McNab（2014）をもとに筆者作表

　当する。知能が低く，暴力的なサイコパスには強盗などが該当する。知能が高く，暴力的なサイコパスには犯罪組織のボスや特殊部隊などが該当する。知能が高く，非暴力的なサイコパスには企業のCEO（Chief Executive Officer），外科医，弁護士などが該当する。

　知能が高いサイコパスは自己の欲求を満たすために部下の手を汚させて自分によくない影響が及ばないように工夫したり，専門的な知識を持って欲求を充足しやすい立場を作ったりするということだろう。

　知能の高いサイコパスが上司の場合，部下に対して厳しい叱責を続けても，それが組織内で問題視されることは少ない。なぜなら，「部下の将来を思って厳しい指導をしている」「叱るべきときに叱れない，遠慮しがちな組織の風土を今こそ変え，本音で語る風土を醸成するべきだ」「自分は嫌われ役を買っているだけ」などと周囲に吹聴することで，自分の立場が追われることがないように周到に手を回しているからである。知能が高いから仕事のパフォーマンス自体は高く，組織である程度高く評価されることがある。

1.3.4. ダーク・トライアドはジョブ・パフォーマンスとほぼ無関係なことを示したメタ分析

　これまでダーク・トライアドを扱った海外の主な学術研究を一つひとつレビューしてきたが，長い研究の歴史を総括して俯瞰するとどのような知見が得られるのだろうか。

　単発の研究ではサンプルデータに特有の傾向が示されただけに過ぎず，ダー

ク・トライアドの職場における効果をどの程度一般化できるのかについて疑問
が残る。そのため，数多くの研究を総括した「メタ分析」による知見を以下に
詳述する。

　ダーク・トライアドと仕事のパフォーマンス（job performance）の関係を
メタ分析によって明らかにした有名な研究がある（O'Boyle, Forsyth, Banks,
& McDaniel, 2012）。同研究は1951年から2011年までの職場におけるダーク・
トライアドに関連した186編の研究論文，245個のサンプル，43,907名のデータ
を取り扱ったものである。

　分析対象には，ダーク・トライアドとして体系化される前のマキャベリアニ
ズム，ナルシシズム，サイコパシーのそれぞれを個別に扱った学術論文も含ま
れた。英語だけではなくドイツ語，フランス語，スペイン語で書かれた学術論
文も含まれた。病院などにおける臨床研究，囚人や子どもを対象にした研究は
除かれ，職場を状況にする研究のみに限定された。

　ジョブ・パフォーマンスについては四半期の販売成績などの客観的パフォー
マンス指標が報告された研究が対象にされた。販売成績のような数値が得られ
ない場合には主観性を排除するため，ジョブ・パフォーマンスの高低について
回答者本人自身の主観的評価だけではなく，上司・同僚・部下からの評価を加
えたデータが対象にされた。情報に不足があれば，一つひとつの学術論文の原
著者にコンタクトをして不足を補うという徹底したデータ収集がなされた。

　同研究による主な分析結果を**図表 1 -14**に示した。

　マキャベリアニズムについて57個の研究と計9,297名を対象にして分析した
結果，ジョブ・パフォーマンスとの相関は$r_c = -.07$と有意な負の値を示した。

| 図表1-14 | ダーク・トライアドとジョブ・パフォーマンス |

マキャベリア
ニズム
$r_c = -.07$

ナルシシズム
$r_c = -.03$

サイコパシー
$r_c = -.10$

r_c＝effect size corrected for unreliability
（出所）　O'Boyle *et al.* （2012）をもとに筆者作図

マキャベリアニズムが高いほどジョブ・パフォーマンスが下がることが示された。

　ナルシシズムについて18個の研究と計3,124名を対象にして分析した結果，ジョブ・パフォーマンスとの相関は$r_c = -.03$と負の値を示したが，統計的有意ではなかった。ナルシシズムはジョブ・パフォーマンスと関係しないことが示された。

　サイコパシーについて68個の研究と計10,227名を対象にして分析した結果，ジョブ・パフォーマンスとの相関は$r_c = -.10$と有意な負の値を示した。ただし，詳細分析の結果，ほぼ相関がないものと解釈された。サイコパシーはジョブ・パフォーマンスと関係しないことが示された。

　つまり，単一の研究で扱われた限定的時期・状況によってはダーク・トライアドの高さとジョブ・パフォーマンスの高さが関係することはあるものの，メタ分析によるとそのような傾向は認められなかった。

1.3.5. ダーク・トライアドが非生産的組織行動を生むことを示したメタ分析

　同研究ではダーク・トライアドとCWB（Counterproductive Work Behavior：非生産的組織行動）との関係についてのメタ分析も行われた（図表1-15）。

　CWBは組織行動論ではジョブ・パフォーマンスと並ぶ重要概念の一つとして扱われ，職場で不平不満を言う，無断欠勤する，職場で誰かに恥をかかせる，意図的に仕事を遅くするなどの組織行動を指す（Bennett & Robinson, 2000）。ジョブ・パフォーマンスは正方向の組織行動の結果を指すが，CWBは負方向

図表1-15 ダーク・トライアドとCWB

r_c = effect size corrected for unreliability
（出所）　O'Boyle *et al.*（2012）をもとに筆者作図

の組織行動を指すものだ。

　マキャベリアニズムとCWBの相関は$r_c = .25$と有意な正の値を示した。マキャベリアニズムが高いほどCWBが増えることが示された。

　ナルシシズムとCWBの相関は$r_c = .43$と有意な正の値を示した。ナルシシズムが高いほどCWBが増えることが示された。三要素の中で相関が最も高く，CWBに強く関係することが示された。

　サイコパシーとCWBの相関は$r_c = .07$と有意な正の値を示した。サイコパシーが高いほどCWBが増えることが示された。

　つまり，ジョブ・パフォーマンスとの相関分析と同様にCWBについても単一の研究で扱われた限定的時期・状況によってはダーク・トライアドの高さはCWBではなくリーダーとしてのポジションに就きやすくなるなどの正の方向で評価されることもあり得るが，メタ分析によるとそのような傾向は認められず，CWBの増加に関係することが示された。

　以上のメタ分析結果から，特にマキャベリアニズムについてはジョブ・パフォーマンスと負の相関関係にあり，かつ，CWBと正の相関関係にあるため，職場における問題が大きいパーソナリティ特性であることが示された。

　マキャベリアンへの検討は進化心理学研究の観点からもなされている。進化心理学を援用して職場におけるマキャベリアンの生存戦略を分析した研究では，マキャベリアンが産業組織で生存できるか否かは職場を転々とすることにかかっているとされる（Wilson, Near, & Miller, 1996）。

　すなわち，嘘をついて，誰かを騙しながら組織の階段を上ろうとするマキャベリアンは一時期は誰かと仲良くなっても，いずれ激しく対立したり，人望がなく，成果が嘘で塗り固められているため，権力闘争にも結果的に敗れがちになったりする。そのため，別の組織に活動拠点を移さなければならないのだ。マキャベリアンの栄華は脆く，崩れやすいと言えるだろう。

　CWBに関連し，ダーク・トライアドとOCB（Organizational Citizenship Behavior：組織市民行動）の負の関係を報告した研究もある（Spain, Harms, & LeBreton, 2014）。OCBとは経営学や組織行動論における主要概念の一つであり，職場において自分の担当範囲外の業務をする役割外行動を指す。

　自分の部下ではないが，困っている後輩を見たら進んで助けることや自分の

担当業務範囲内ではないが，組織内で誤った手続きを見つけたら忠告すること
などの組織行動であり，強制されていない自発的な行動がOCBである。ダー
ク・トライアドが高い人は，そのような場面において「それは私の仕事ではな
い」「それをして私に何の得があるのか」などと考えてOCBをとらないという
ことだ。重大な品質欠陥を組織的に隠蔽する現場を見かけても「自分の担当は
それとは関係がない」と考えるような人だ。

　OCBをとらない人が職場に多くなると組織は縦割りになり，チームメンバー
間の協力関係が毀損されていく。

1.3.6. マキャベリアンとナルシシストを採用面接で見抜くのは難しい

　パーソナリティ特性とは，個々人の行動の差異を決定する，時間が経っても
安定し，状況が変化しても一貫している特性と定義された。この定義によれば
ダーク・トライアドのパーソナリティ特性は教育訓練や職務経験の蓄積によっ
て大きく変化するものでない。

　では，CWBの増加，OCBの減少，ジョブ・パフォーマンスの低下と関係す
るダーク・トライアドの高い人を入社前の採用面接で見抜くことはできないの
だろうか。

　比較的近年の研究では，マキャベリアンは非マキャベリアンに比べて採用面
接で嘘をつこうとすることが知られている（Levashina & Campion, 2006）。採
用面接では虚飾・演出的応答がなされがちなことがよく知られているが，マ
キャベリアンは特にその傾向が強いということだ。特に，知能が高いマキャベ
リアンは嘘もうまく，採用面接官を悩ませる存在になるだろう。

　ナルシシズムが高い応募者も採用面接官にとっては厄介な存在だ。ナルシシ
ズムが高い人は第一印象がとても良いことが知られている（Back, Schmukle,
& Egloff, 2010）。見せかけの第一印象に惑わされないよう，人物の本質を見抜
く採用面接が今こそ求められている。

　もちろん，ダーク・トライアドの高さを採用面接で見極めることでダーク・
トライアドの高い人を全て不採用にすればよい，という短絡的な話ではないこ
とに注意してほしい。

　自己利益や自己保身のために不正に走りがちなマキャベリアンが常に不正を犯すかといえばそうではない。そのような不正によって生じる組織や自分自身への損失を学び，パーソナリティ特性自体は変わらなくても，認知的に気を付けることによって組織行動は変わり得る。ここで大事なのは自分自身と周囲がマキャベリアニズムというパーソナリティ特性の理論的枠組みを持つことだ。

　マキャベリアニズムの理論を知れば自分自身や周囲の理解につながり，組織行動の改善や対処ができる。しかし，その理論を知らなければただの自分勝手な困った人で終わってしまい，改善や対処ができない。つまり，完璧な人はいないのだ。採用面接官がダーク・トライアドの理論的枠組みを持つことで，求職者の良い面や課題となる面，支援や成長が必要な面などを見極めることが必要だ。

　ナルシシズムも同様である。他者からの指摘を受け容れずに暴走しがちなナルシシストのパーソナリティ特性自体は変えにくいが，優秀な右腕人材をそばに配置することで，ナルシシストの持つ高い成果目標の達成という強みが発揮されるかもしれない。右腕人材とのやり取りやそこからの学びがナルシシストの組織行動を変える可能性がある。大事なのはそのような特性があることを組織側と本人が知っておくということだ。

　人の痛みを感じにくいサイコパシーのパーソナリティ特性自体は変えにくいが，配置するジョブを工夫することによって，冷静沈着な業務判断を行えるというその人の強みが発揮されるかもしれない。

　ダーク・トライアドの知識がないままでは「あれだけ採用面接で印象の良かった人が，なぜ入社後に職場で問題行動をとるのか」という疑問を解消することはいつまでたってもできない。正しい知識とともに，人物の持つ強みとリスクを見極めて自社の戦力を整えることが今，求められている。

　なお，ダーク・トライアドの心理尺度を用いたパーソナリティ測定・評価にあたっては専門家による指導を仰ぐことが望ましい。

第 2 章

性格と職場内人間関係

2.1. 仮想的有能感と自尊感情

―――――― 本節のテーマ ――――――

　職場には，とても偉そうな人がいる。自分が常に優位に立っていないと気が済まない人がいる。

　なぜ，あそこまで偉そうにするのか，優位に立とうとするのかが周囲からは理解ができない。無駄に偉ぶりたい人を見ていると，これまでどういう生活を送り，仕事をしてきたのだろうかという不思議な気持ちになる。職場の人間関係をあえて悪い方向にすることを生きがいにしているようにも見える。

　仕事が特段できるわけでもないのに，どうしても自分のほうが上だとアピールしたい人。自分より劣っている他者をいつも探し回っている人。会議で揚げ足をとるようにして誰かの間違いを指摘して，自分のほうが賢いと勘違いする人。自分が勝手に作ったルールを相手に無理やり押し付けて，それを守らない人を社会人失格だ，などといって見下す人。このような人々をあなたの職場で見かけたことはないだろうか。

　これらの人々は民間企業だけではなく実は大学にもいる。大学においては新規入職の教職員に対して何も学内のことがわかっていない人として，馬鹿にしたメールを送る，挨拶を無視する，などの理解に苦しむ態度をとる人もいる。大学のように確固たるリーダーが存在せず，組織のビジョンや風土の方向性が定まっていないような，心理的なガバナンスがきいていない組織では誰もそのような人を注意しないため，野放しになってしまい，それがやがて慣例化して，お互いを蔑み合い，貶し合うような組織風土が醸成されてしまったチームもある。

　では，なぜ，誰からも好かれることがないような行動をその人は続けているのだろうか。多くの人から嫌われているのに，なぜその人はそこまで偉そうにして，あえて人間関係を悪化させる言動を日々とっているのだろうか。何がその人の心に渦巻いているのだろうか。

2.1.1. 空想で相手を下に見たがる人がいる

　実際に他の人よりも大きく秀でた人であれば多少偉そうにしていても理解ができる。しかし，実際に優れていない人が偉そうにするから違和感を生み，反感を買う。

　この歪んだ有能感を理論化したのが「仮想的有能感（Assumed Competence）」であり，「自己の直接的なポジティブ経験に関係なく，他者の能力を批判的に評価・軽視する傾向に付随して習慣的に生じる有能さの感覚」と定義される（速水，2011）。

　仮想的有能感については全く知らないという経営学研究者やビジネスパーソンがほとんどだろう。

　ナルシシズムと類似するのは，現実に基づかずに自分の価値を甘くかつ高く認知するという点である。ナルシシズムの高い人は実際の状態よりも過度に高く自己評価を行い，仮想的有能感の高い人は自分の実績・能力を十分考えずに，他者を軽視することで無条件に自己評価を高めようとするもので，どちらも自己認知の歪みとして位置付けられる（速水，2012）。

　一方で，ナルシシズムと相違するのは，仮想的有能感は自己ではなく他者に視点が向くという点である。ナルシシストは自己への愛に特徴があり，他者は自己への賞賛を行うものとして認識される。他者の位置はそのままにしておいて，自己への評価を過剰に高くするということだ。

　仮想的有能感の高い人は他者に視点が向いており，他者を自分の下に置くことによって自己評価を高めようとする。すなわち，自己への評価を過度に高くするというより，他者への評価を過度に低くすることによって，結果として自分が上位にある位置関係を自分勝手に空想で，事実に基づかずに作り出すことに仮想的有能感の特徴がある。

　仮想的有能感の内容をより詳しく把握するため，測定尺度を見てみよう（**図表2-1**）。勝手に他者を下方配置することで自分の有能さを保とうとする姿勢が見てとれる。

　例えば，業務会議で，本質的ではない些末な箇所を突っついて誰かの発表を邪魔して「こんなところに気が付かないなんて皆さん大丈夫ですか」と言わん

図表2-1　仮想的有能感の測定尺度例

「他人に対して，なぜこんな簡単なことがわからないのだろうと感じる」

「他人の仕事を見ていると，要領が悪いと感じる」

「今の日本を動かしている人の多くは，たいした人間ではないと思う」

「他人を見ていて「こういう人が社会をダメにしている」と感じる」

「世の中には，常識の無い人間が多すぎると思う」

「大切な仕事を任せられるような有能な人は，私の周りに少ないと思う」

「周囲の人のセンスの悪さや感性の鈍さが気になる」

「私の意見が通らなかった時，相手の理解力が足りないと感じる」

（出所）　速水・木野・高木（2005）をもとに一部の項目を筆者により抜粋して作成

図表2-2　仮想的有能感の位置付け

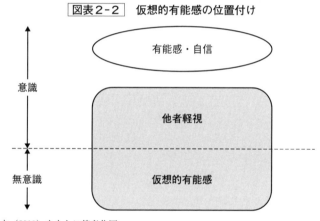

（出所）　速水（2011）をもとに筆者作図

ばかりに，自分以外はみな無能だと考える人などが仮想的有能感の高い人である。

　仮想的有能感の高い人の心の中には周囲からはわかりえない，自分と他者についての空想ベースの自分勝手な序列解釈がある。そして，この心の動きは無意識的になされている（**図表2-2**）。

　同図表の一番上にある有能感・自信の層は，自分自身の実際の成功体験への知覚に基づいて自己と他者を評価した結果として抱くものである。そして，他者への姿勢には２つあり，意識的な他者軽視と無意識的な他者軽視がある。

　つまり，他者への姿勢として意識されているものだけではなく，自分でも無意識のうちにとってしまうものがあり，空想による他者の下方配置は無意識的になされていることを示したのが仮想的有能感である。

2.1.2. 注意を素直に受け止められない仮想的有能感の高い人

　仮想的有能感の特徴は自尊心との対比でより鮮明に際立たせることができる。

　自尊心（self esteem：自尊感情とも呼ばれる。以下，自尊感情で統一）は，世界的に有名な心理学概念であり，「自己に対する肯定的または否定的な態度」と定義される（Rosenberg, 1965）。

　国内外の心理学研究で非常によく知られた概念であり，実際に日本国内のパーソナリティ心理学を扱う学術誌では自尊感情に関する尺度が最も多く使用された心理尺度であることが報告されている（渡邊，2018）。一方で，自尊感情の定義や詳細な尺度を知るわが国のビジネスパーソンはあまりいないだろう。本来は職場に示唆の多い心理学概念であるが，なぜかわが国では経営学研究者にもあまり詳しく知られていないのが現状である。

　自尊感情を測定するにはRosenbergの自尊感情尺度（Rosenberg, 1965）が使われることが多い。同尺度の日本語版（桜井，2000）の項目例を**図表2-3**に示した。

　同図表からわかるとおり，他者を勝手に下方配置する仮想的有能感の測定尺度とは異なり，自分への満足や態度を中心的に扱うのが自尊感情である。

　図表2-3　Rosenberg自尊感情尺度の日本語版の例

「私は自分に満足している」
「私は自分には見どころがあると思う」
「私は自分が役立たずだと感じる」（逆転項目）
「もう少し自分を尊敬できたらと思う」（逆転項目）
「自分を失敗者だと思いがちである」（逆転項目）
「私は自分に対して，前向きの態度をとっている」

（出所）　桜井（2000）をもとに一部の項目を筆者により抜粋して作成

　自尊感情と仮想的有能感が別の概念であることは実証的に確かめられている（**図表2-4**）。

　同図表には，よく経験する出来事（計12個）について「ポジティブ経験」（計6個）と「ネガティブ経験」（計6個）に分離した上で，仮想的有能感と自尊感情との相関関係が示された。なかには「表彰されたこと」「周りの年上の人から気に入られたこと」「人前で失敗したこと」「周りの年上の人から信頼が得られなかったこと」など，仕事の状況にも該当しそうな経験も含まれた。

図表2-4	仮想的有能感と自尊感情の概念的弁別性	
	仮想的有能感	**自尊感情**
ポジティブ経験		
スポーツで活躍したこと		.24
表彰されたこと		.23
かっこいい，もしくは，かわいいと言われたこと		.27
周りの年上の人から気に入られたこと		.17
多くの友人から好かれたこと		.30
テストの成績がよかったこと	.10	.23
ネガティブ経験		
人前で失敗したこと		−.31
友だちに無視されたこと	.17	−.15
勉強しても思うような成績があげられなかったこと		−.21
スポーツがうまくできなかったこと		−.22
先生に叱られたこと	.11	
周りの年上の人から信頼が得られなかったこと	.12	−.08

有意な相関係数のみ示した。
（出所）　Hayamizu, Kino, Takagi, & Tan（2004）をもとに筆者作表。日本語訳は速水ほか（2005）を
　　　　参考に一部筆者作成

　仮想的有能感が有意な相関係数を示したのは12個中4個の経験のみだった。仮想的有能感は，実際の経験とは関係のない他者と自分との空想による勝手な序列解釈のため，実際の経験を述べた多くの項目（12個中8個）との相関係数が有意にならず，関係がないことが示されたと解釈される。有意な相関係数を示した4個の経験でも相関係数は.10〜.17と相対的に低い水準にとどまった。

　仮想的有能感に特徴的だったのは「友だちに無視されたこと」（.17），「先生に叱られたこと」（.11），「周りの年上の人から信頼が得られなかったこと」（.12）というネガティブな経験であっても有意な正の相関係数が見られたことである。

　友だちに無視されたこと，先生に叱られたこと，周りの年上の人から信頼が得られなかったことによって仮想的有能感が下がるのではなく，逆に上がるということだ。仮想的有能感が高い人は，自分を無視した友だちを卑下して「あんなやつとは付き合う価値がそもそもない。自分のレベルにはついてこられないやつだった」，自分を叱った先生を「すぐ生徒にキレるなんて先生として失格だ」，信頼を自分に示さなかった周りの年上の人を「自分に信頼を寄せないような年上の人は視点が低い」などと捉えて，空想で自分よりそれらの人々を下に配置する可能性が見てとれた。

　職場への示唆としては，上司に注意されても「上司のレベルが低い」「上司として力不足だ」と，上司を下に配置して批判するような部下がいるが，そのような人は仮想的有能感によって説明が可能だろう。

　一方で，自尊感情は12個中11個と，ほとんどの経験と有意な相関係数を示した。空想に基づく仮想的有能感とは異なり，自尊感情の場合は実際の経験に基づいて感覚を得ていることがうかがえた。相関係数は−.31〜.30と，仮想的有能感で得られた相関係数よりも高い水準を示した。

　自尊感情は6個全ての「ポジティブ経験」と全て有意な正の相関を示し，6個中5個の「ネガティブ経験」と有意な負の相関を示した。自尊感情はポジティブ経験とともに高まり，ネガティブ経験とともに低くなるということだ。

　すなわち，経験したことをそのまま受け止められるのが自尊感情である。友だちに無視され，先生に叱られ，周りから信頼を得られないときに上がる仮想的有能感とは大きく異なる。

2.1.3. | 自尊感情の低い人は仕事のパフォーマンスと職務満足感が低い

　日本とは異なり，米国では古くから仕事の状況における自尊感情が実証的に研究されてきた。

　自尊感情の高低が仕事のパフォーマンスと職務満足感（job satisfaction）に与える影響を米国企業で実証した研究がある（Pierce, Gardner, Dunham, & Cummings, 1993）。同研究の結果，自尊感情の低い人は役割が曖昧な仕事状況において仕事のパフォーマンスが下がることが示された（**図表2-5**）。

　役割が曖昧な仕事状況とは，周囲からの期待成果がわかりにくい仕事などを指す。変化の激しいビジネス場面では自分の役割がしばしば曖昧になることがある。例えば，自社のDX（デジタル・トランスフォーメーション）を進めようという職場では多くの社員がその新たな経営手法の知識を持たない場合が多い。そのとき，何をすれば成果につながるのか，誰も予想はできないため，自分で創意工夫して少しずつ成果を積み上げながら進めるしかない。

　自尊感情の高低は役割の曖昧さが低い仕事環境（例えば業務範囲やプロセスが明確に定まっている仕事）では仕事のパフォーマンスにほぼ影響を与えなかった。

　しかし，役割の曖昧さが高まるにつれて，自尊感情の低さが仕事のパフォーマンスに負の影響を与えることが示された。自尊感情の低い人は役割の曖昧さが高い仕事状況において周囲からのサポートやリソースが不足していても自ら

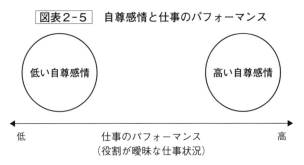

図表2-5　自尊感情と仕事のパフォーマンス

（出所）　Pierce *et al.*（1993）を参考に筆者作図

その不足を補うことに積極的になれず，躊躇してしまい，それが低い仕事のパフォーマンスにつながったことが同研究で報告された。

　自尊感情の低い人は図表2-3の項目例に見られたとおり，自分に対して後ろ向きの態度をとり，自分が何かに役に立つと考えない傾向が強い。「自分はできる」というイメージが弱いため，サポートやリソースが不足するような状況下において困惑してしまい，具体的なアクションがとりづらいのだろう。

　一方で，自尊感情の高い人は役割の曖昧さが高い仕事状況において周囲からのサポートやリソースが不足していると思ったら，それらの不足を補うための行動を自発的にとり，それが高い仕事のパフォーマンスにつながったことが同研究で報告された。自尊感情の高い人は困ったときでも自分が動けばその問題を何とか打開できるだろうと捉える。

　同研究では，自尊感情が低い人は，役割の曖昧さの程度にかかわらず職務満足感が低い結果も示された。そして，役割の曖昧さが増すにつれて職務満足感がより低くなっていく結果もあわせて示された。

　一方で，自尊感情が高い人は役割の曖昧さの高低にかかわらず職務満足感が高い結果が示された。（**図表2-6**）。

　自尊感情の低さによって自己概念が不確かで不安定になり，何が自分らしさ

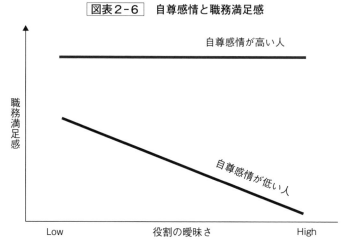

図表2-6　**自尊感情と職務満足感**

（出所）　Pierce *et al.*（1993）をもとに筆者作図

なのかを判断するのに時間を要するようになることが知られている（Campbell, 1990）。自尊感情が低い人は何が自分にとって満足できる仕事なのかのイメージが不確かで不安定なため，目の前の仕事にも満足しにくいものと思われる。

2.1.4. 職場で無駄に偉ぶる人は 仮想的有能感が高くて自尊感情が低い

　職場における他者理解は自尊感情と仮想的有能感の組み合わせによって可能だ。

　実際の経験に基づく有能感が自尊感情であり，実際の経験に基づかない空想に基づく他者の下方配置による有能感が仮想的有能感である。既に述べたとおり，これらは別個の概念であるため，どちらかが高くて，どちらかが低いなどの独立した関係にある。これらを2軸に設けたときに得られる他者認知を**図表2-7**に示した。

　第一に，自尊感情が高く，仮想的有能感が低い人は「自尊型」に該当する。空想で他者との序列を作らず，実際の経験に基づいて有能感を持つ人であり，

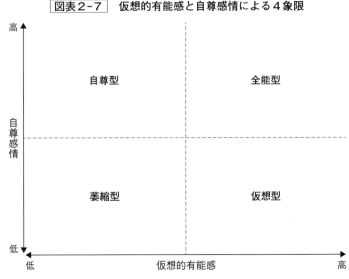

図表2-7　**仮想的有能感と自尊感情による4象限**

（出所）　速水（2012）をもとに筆者作図

一般的に望ましいタイプとされる。

　第二に，自尊感情が高く，仮想的有能感が高い人は「全能型」に該当する。実際の経験に基づいて有能感を持つとともに，空想で他者との序列を作りたがるときがある人だ。実績が伴っている分野もあるため，この人が仮想的有能感に基づく誤ったことを言ったとしても職場の人は反論しにくい。こういう人がリーダーになると非常に説得力のあることと単なる思い付きとがリーダーの言動の中に交錯してメンバーが困惑する。仮想的有能感は実際の経験に基づいていないため，仕事において見通しが甘くなったり，実現不可能な仕事になったりする。そのような無理なことを自分の空想に基づいて提案しておきながら，実際に結果としてうまくいかなかったときには部下，他部署，会社組織を低く評価して責任を押し付け，自分では責任をとらないようなことにもつながる。

　第三に，自尊感情が低く，仮想的有能感が高い人は「仮想型」に該当する。仮想型は仮想的有能感が最も発揮される人であり，実際の経験に基づかずに空想を主にして他者との序列を作りたがる。

　空想の世界をストップさせる実世界が存在しないため，当人にしかわからないような"マイ・ワールド"を勝手に構築して，そのワールドの中で他者をとにかく自分より下方に配置して，それが他者への攻撃的言動や問題発言につながっていく。当人にしかわからない世界で生きているため，他者からすれば本当に謎ばかりで迷惑な人なのだが，そのような反応を当人に向ければ「私のレベルについてこられない低レベルの人たちが愚痴を言っているだけ」と返す刀でさらに見下されてしまう。これが職場にいる無駄に偉ぶる人の正体だが，当人にはその自覚はない。レベルの低い烏合の衆が文句を言っているようにしか当人には見えないのだ。

　第四に，自尊感情が低く，仮想的有能感が低い人は「萎縮型」に該当する。空想に基づく他者軽視の姿勢はないが，自分への信頼もない。全体的に萎縮してしまっているため，仕事を滞らせてしまう。

　以上のとおり，「自分が常に優位に立ちたがる，偉そうな人」を「面倒くさい」「腫れ物に触るようだ」と感情的に受け止めているうちはこちらが苦しくなる。そういう人の心のメカニズムを知ることから始めなければならない。

　仮想的有能感と自尊感情の知識がなかったときには見えていなかった他者の問題の根源が，それらの知識を得ることによって初めて見えてくる。そのクリアな視野はあなたに納得感を与え，職場での冷静な他者対応につながるだろう。空想でしか序列を作れないような人にあなたとメンバーの仕事のやる気を支配させてはいけないのだ。

2.2. 組織間対立の根源にある存在脅威

―― 本節のテーマ ――

　職場には，派閥・グループを作りたがり，他の派閥・グループを強く批判する人がいる。派閥・グループから外れた者には子どもじみた「いじめ」のようなことを職場でする者もいる。そのような人たちがいるだけで職場の雰囲気は悪くなる。

　悪口やいじめが多い職場で働きたいと思う人はいない。派閥・グループには興味がないという人であっても，その悪口やいじめの標的にされることがあるため，良識のある人には全く理解ができない。

　派閥・グループで群れたがり，同僚への悪口を言い続け，陰湿ないじめを続ける人たちの心には何が起こっているのだろうか。どうすれば，そのような不毛なことが職場から無くなるのだろうか。

2.2.1. いずれ死ぬ人間には心の拠り所が必要

　人間存在にとって「死」は最大の脅威である。多くの人にとって死は遠い将来のことであると同時に突然の事故や病気によって今，訪れることもある脅威だ。

　心理学研究において死の概念を取り扱ったものに「存在脅威管理理論（TMT：Terror Management Theory）」があり，人間心理が死の脅威に対処する過程を明らかにした理論である。Ernest Beckerによって1960年代に提唱された後，Jeff Greenbergらの研究グループなどによって多数の実証研究が今日までに蓄積されてきた（Greenberg, Pyszczynski, & Solomon, 1986など）。

　存在脅威管理理論の構造は，死の脅威，それを緩衝する「文化的世界観（cultural worldview）」，それが内化された「自尊感情（self esteem）」によっ

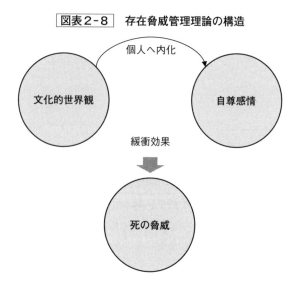

図表2-8　存在脅威管理理論の構造

て説明される（**図表2-8**）。

　文化的世界観とは，集団によって共有された信念を指す。その信念が構成員に世界の秩序・意味と死への予測可能性を提供する。個々人の経験への意味づけを行うのが文化的世界観である（Harmon-Jones, Simon, Greenberg, Pyszczynski, Solomon, & McGregor, 1997）。

　自尊感情とは，存在脅威管理理論の構造内では「自分自身が文化的世界観の基準を十分に満たしている」という個人の意識を指す（Harmon-Jones *et al.*, 1997）。前節で述べたRosenbergの自尊感情と内容がやや異なっているが，自尊感情は心理学領域で非常に長い研究の歴史を持ち，多様な研究発展の形がある。個別分野によってやや異なる定義が付されることがあり，存在脅威管理理論ではそのような定義がなされている。

　わかりやすく説明すると，拠り所がどこにもないままでは日々の出来事はただ無秩序で無意味に流れていくのみである。そのような無為でしかなく，意味を感じられない毎日の先，そして現在には人間にとって絶対に避けられない死の脅威が待ち構えている。死の脅威を何らかの形で解釈できないと，人間の日常生活は不安だらけで，場合によっては死の脅威に押し潰されてしまいそうになる。

　多くの個人にとって拠り所となるのが集団であり，その集団が持つ信念（企業理念，派閥内の互助精神，チームの規律など）の価値である。その信念の価値に個人が共鳴すること，そして個人がその集団の一員となる基準を満たしていると感じることが大事だ。これが文化的世界観の個人への内化である。より具体的には「自分は企業理念を体現した働き方ができている」「自分は集団の規律に則った行動ができている」などと個人が感じるとき，自尊感情を持てるようになる。

　その集団の信念が個人に内化されることによって，今まで無秩序で無意味に流れていた日々の経験について，集団の信念を参照しながら個人が意味づけられるようになる。企業理念に照らし合わせて「この業務経験は社会にとってこういう意味がある」，集団の規律に照らし合わせて「だから今はこういうことをしている」などと，日々の経験に個人が意味づけをできるようになる。

　新卒で入社した会社の信念がその後の個人の労働観に強く影響を与えることは珍しくない。これは個人にその会社の信念が内化され，それによって個人の自尊感情が保たれているからである。他の会社に転職してもなお，元の会社の信念と自尊感情の構造は心に根強く残り，他の会社の信念にうまく共感できない，どうしても元の会社と比べてしまう，ということが頻繁に起こるのはビジネス場面ではよく知られたことだ。

　信念が内化されると，拠り所がどこにもなく，日々の出来事がただ無秩序で無意味に流れていった状態（死の脅威が和らがずに押し潰されそうになる状態）から個人は開放される。つまり，死の脅威を文化的世界観と自尊感情が緩衝する。

　自分は集団に属するのが好きではないと言う人もいるかもしれない。しかし，そのような人でも何らかの信念を誰かと共有していることがほとんどである。端からみれば価値があるか不明なことに毎日一生懸命になっている人がいる。業界や職種が異なれば存在すら知らない賞の獲得に人生をかけている人がいる。自分が働く上で意識するコミュニティがあり，それは会社や組織ではなく，人々の集まりの場合もある。そこで意味があるとされる何らかの信念を個人が持ち，その実現に向けて日々働いている人は少なくないだろう。組織図上の集団に属していない，またはそれに属している感覚が薄い人であっても何らかの

集団の信念を個人が有し，その価値基準によって自分自身に対する評価を行い，それが日々の仕事における心理状態に影響することは珍しくない。

　存在脅威管理理論が提示された当初は思索的・思弁的な議論も見られたが，今日に至るまでに心理学研究法に則って，それを実証的に裏付ける科学的知見が多数報告されている。

2.2.2. | 仕事の状況と死の距離が近接してきた

　産業組織では定年退職年齢の引き上げ，高年齢者の継続雇用義務，70歳までの就業機会確保の努力義務などによって高年齢になっても働き続ける人が増えている。

　従来のように定年退職して職場から離れ，10年〜20年以上経過した後に死を迎える人だけではなく，職場で働いている時期に死を迎える人が増えているということだ。働くという人間の活動と死という人間存在の脅威が近接し始めている社会だ。

　職場で働くときには所属する会社の企業理念などが個人に強く意識される。例えば，花王には有名な「花王ウェイ」がある。実際に花王の社員の方々と接すると，花王ウェイは決して“絵にかいた餅”ではなく，たしかに社員一人ひとりの言動の重要な参照点になっており，個人に内化されていることを感じる。

　花王ウェイとは「花王グループの企業活動の拠りどころとなる，企業理念（Corporate Philosophy）です。中長期にわたる事業計画の策定から，日々のビジネスにおける一つひとつの判断にいたるまで，花王ウェイを基本とすることで，グループの活動は一貫したものとなります。また一人ひとりの社員にとっては，会社の発展と個人の成長を重ね合わせ，仕事の働きがい，生きがいを得るうえで欠かすことのできない，指針でもあります。花王グループの各企業・各メンバーは，花王ウェイをマニュアルや規則としてではなく，それぞれの仕事の意義や課題を確認するための拠りどころとして共有しています」という内容の企業理念である（花王ウェブサイト）。

　存在脅威管理理論の構造に則ると，働く人が死の脅威に日常を支配されないためには何らかの集団への帰属とその集団が持つ信念の個人への内化が必要になる。働きながら死を迎えるような現代人の場合，職場の信念と死の脅威の緩

衝という関係性がこれまでにないほどに強くなっており，特に職場以外の集団で信念を内化しにくい人にとって，その近接関係はさらに重要なものになる。

　職場で個人に信念を提供するのは企業理念だけではない。同一の出身大学，出身部署，出身会社などがある。慶應義塾大学閥などの学閥，人事畑や営業畑などのいわゆる"畑"，企業統合前の出身会社閥などがある。それらの派閥では独自の信念が形成されている。

　現代人にとって，集団の信念とその内化は死への脅威を和らげ，仕事を含む日常を秩序だって有意味に感じるために必要な心理的過程とも言える。職場で派閥などの集団が形成され，そこに個人が属し，熱心に派閥などの集団で活動を行うということは人間存在にとっての必然的行為であるという見方もできる。

2.2.3.　組織へのコミットメントが低い人でも自分に危機を感じると組織を高く評価する

　存在脅威管理理論の実証研究によってこれまでに得られた代表的な知見は，被験者に死の可能性を実験的に想起させると，自身の所属集団への態度が肯定的になり，自身の所属集団とは異なる信念を持つ他集団への態度が否定的になる，というものだ。

　死の脅威から自分を心理的に守る集団の文化的世界観が崩れないように，その集団の信念を強く肯定するとともに，他の集団の信念を強く否定することで自身の集団が持つ文化的世界観の消滅を相対的に防ぐ姿勢として位置付けられる。文化的世界観の消滅を防ぐ形として，単に自分の所属集団を守るという防御的態度だけではなく，自身の所属集団とは異なる信念を持つ他集団への批判という攻撃的態度を生むこともこれまでの実証研究によって報告されてきた。

　また，死という出来事だけでなく，死の脅威によって付随的に喚起される死への「恐怖」「心配」「悲しみ」というネガティブな感情自体も，自身が所属する集団の文化的世界観を防御する姿勢を生むことがこれまでに報告されてきた（Lambert, Eadeh, Peak, Scherer, Schott, & Slochower, 2014など）。つまり，働くことと死の脅威との近接関係は，死という出来事を年齢的に近く感じる高年齢者に限定されるわけではなく，死への恐怖・心配・悲しみという感情を持つ人に年齢問わず幅広くあてはまるということだ。

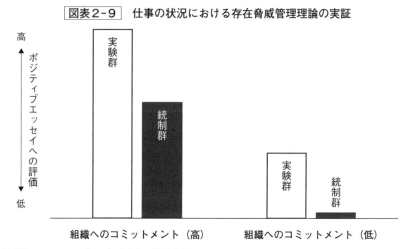

図表２-９　仕事の状況における存在脅威管理理論の実証

高

ポジティブエッセイへの評価

低

組織へのコミットメント（高）　　　　組織へのコミットメント（低）

（出所）　Jonas *et al.*（2011）をもとに筆者作図

　以上のような存在脅威管理理論についての心理学分野での実証研究は2011年時点で350個を超えるほどに積み重ねられ，盛んに研究がなされてきたが，その一方で，産業組織における仕事の状況を対象にした実証研究はほぼなされてこなかった（Jonas, Kauffeld, Sullivan, & Fritsche, 2011）。

　しかし，近年になって仕事の状況を対象にした実証研究が見られるようになってきており，その背景には企業理念や職場風土が働く人にとっての文化的世界観になるという前提がある（Lambert *et al.*, 2014）。Jonas *et al.*（2011）は，そのような職場への認識に基づき，仕事の状況での存在脅威管理理論についての実証研究結果を報告した。ドイツのサービス業界における支配的大企業に勤務する従業員を対象に調査が行われた。主な分析結果を**図表２-９**に示した。

　実験的に死の脅威を意識させた従業員群（以下，実験群）と「歯科での痛み」を意識させた従業員群（以下，統制群）を比較した。

　実験群に実験的に死の脅威を意識させる方法は「あなたがあなた自身の死について考えるとき，どのような気持ちになるか，簡潔に記述してください」などの項目を従業員に答えさせることによるものだった。すなわち，死の脅威だけでなく，付随するネガティブな感情生起も含めた実験条件だった。

　統制群に歯科での痛みを意識させる方法は，死に比べたときの軽微な脅威を

想起させる伝統的な方法であり「あなたが痛みを伴う歯科治療について考えるとき，どのような気持ちになるか，簡潔に記述してください」などの項目を従業員に答えさせることによるものだった。「歯科不安条件」として存在脅威管理理論の実証分析では呼称される。

　実験群と統制群の両群の従業員に，所属企業の経営状態や将来性に関する肯定的評価を述べたエッセイ（以下，ポジティブエッセイ）を読んでもらい，そのエッセイへの従業員による評価を測定した。

　また，実験群と統制群の両群の従業員が有する，所属企業への心理的コミットメントも測定した。測定にはOCQ（Organizational Commitment Questionnaire。Porter, Steers, Mowday, & Boulian, 1974）を用いた。OCQの質問例は「私は，所属企業の成功を支援するために通常期待されているよりも多くの労力を費やしたいと思う」「私は，所属組織がいかに優れた職場であるかを知人に自慢したいと思う」「私は，自分自身の価値観と所属組織の価値観がとても似ていると思う」などだった。

　分析の結果，図表2-9に示されたとおり，所属企業へのコミットメントが高い従業員の場合（同図表内で「組織へのコミットメント（高）」），実験群のほうが統制群よりもポジティブエッセイへの評価が高いことが明らかになった。

　所属企業へのコミットメントが低い従業員の場合（同図表内で「組織へのコミットメント（低）」），コミットメントが高い従業員に比べて，実験群・統制群ともにポジティブエッセイへの評価は低かった。所属企業の経営状態や将来性についてポジティブな内容を記したエッセイであっても，所属企業へのコミットメントが低いため，それをそのまま高く評価するわけではないということだ。

　ただし，興味深かったのは，所属企業へのコミットメントが低い従業員であっても，実験群のほうが統制群よりもポジティブエッセイへの評価が高く確認されたことだった。所属企業へのコミットメントが低くても，死という大きな脅威とそれに付随するネガティブな感情が強く意識される条件下では自分の所属企業を高く評価するということだ。所属企業へのコミットメントが相対的に低い従業員であっても，所属企業が従業員の文化的世界観の一部になっている可能性が示唆された。

　以上から，死の脅威とそれに付随するネガティブな感情は所属企業へのコミットメントの高低にかかわらず所属企業への評価を高めることが示された。

　この所属企業は先進国の支配的大企業であり，エッセイにはポジティブな内容が書かれていたことから，所属企業が倒産して従業員の生活が脅かされるという状態は想定しにくい。所属企業の消滅があまり懸念されない状態であっても，従業員個人に死の脅威とネガティブな感情が強く喚起されると，他の心理学研究が示してきたとおり，死の脅威とネガティブな感情から自分を心理的に守る集団の文化的世界観が崩れないように，その信念を強く肯定し，それが所属企業を高く評価するという回答行動につながったものと解釈された。

2.2.4. 経営改革とジョブ型人事が組織の分断を助長する

　伝統的な経営学研究や組織行動論では，組織間対立，組織横断的な協力・連携不足などの組織の問題に対して，組織間や社員間のコミュニケーションを活性化すること，また，組織サーベイによって組織間対立を生む問題部署や個人を特定することなどが課題関心になるだろう。もちろん，それらの視点は必要である。

　また，昨今は，組織を超えたコミュニケーションを実現するために従業員間で褒め合い，認め合うようなアプリケーションが市販されている。多種多様な組織サーベイも市販されており，組織診断が容易にできるようになっている。

　しかし，組織間対立，組織横断的な協力・連携不足という組織的問題の根源にはこれまでの経営学研究や組織行動論の射程では捕捉しきれなかったものがあることを存在脅威管理理論は示している。存在脅威管理理論による経営分野への示唆として以下に3点あげる。

　第一に，経営改革の心理的危険性である。VUCAと呼ばれる変化の激しい事業環境で企業は経営改革を日々行っている。従業員がそれまで所属していた部署が消滅し，新たな部署が立ち上がり，またジョブ区分が変わるなど，これまでにない変化の日々を従業員は送っている。

　例えば，デジタル社会の進展に伴い，従業員のデジタル人材へのシフトを大胆に実行する企業が見られるようになってきた。AI（人工知能）技術の進展

を受けて，それまで従業員が行ってきた仕事をAIに代替させる新たな業務プロセスを全社的に構築する企業も増えてきた。M&Aの増加によって大きく組織を改編する企業も増えてきた。グローバル経営の流れでジョブ型人事制度が導入されたことに伴い，仕事の役割が明示されて，その役割を果たしたときには高い処遇を得られるが，果たせなかったときには低く処遇されるという職場も増えてきた。

　従業員が職場で感じるチャンスはもちろんだが，その反面で心配や不安もこれまでになく大きくなっている。自分がキャリア人生をかけてきたプロジェクトやジョブが経営改革によって消滅することがあるし，自らのパフォーマンスが芳しくなく，その職を奪われてしまうこともある。職業人としての死に近い状態としてこれを受け止める従業員もいるだろう。死に近い状態までいかなくとも先行きへの恐怖・心配・不安というネガティブな感情を強く持つ従業員もいるだろう。

　存在脅威管理理論の構造では，これを緩衝するのが所属集団の文化的世界観とその個人への内化である。従業員は信念が近い集団を見つけ，そこに帰属する。集団の信念の防衛は他の集団の信念への攻撃的批判につながる。例えば，組織再編によって存続が危うくなった事業部の従業員は，所属組織を高く評価するだけではなく，他の事業部の悪い点を必死に見つけて，統廃合するならこちらではなく，まずそちらからだと攻撃に転じる。

　存在脅威管理理論は，そのような心理的メカニズムが組織間対立や組織横断的な協力・連携不足の根源に存在することを示唆する。派閥・グループ間の対立が絶えず，職場での悪口・いじめが多発する職場風土の問題の根源は，コミュニケーション不足という表面的なところにあるのではなく，激しい変化の中で自己のキャリア人生の生死がかかっている仕事の状況における，帰属集団の信念の防衛と他集団への攻撃，それによる死の脅威とネガティブな感情の緩衝という，人間心理の深層にあるメカニズムに見出すことができるだろう。

　第二に，ジョブ型採用の心理的危険性である。企業経営における今日的なトピックに「メンバーシップ型採用からジョブ型採用へのシフト」がある。

　存在脅威管理理論の視角によればメンバーシップ型採用では全ての新入社員をメンバーとして扱い，そこで企業全体の信念が共有されていたが，今後は入

り口からジョブに細分化されることで，ジョブごとの集団と信念を生んでしまいかねない危険性を含んでいる。

　ある国内大手メーカーは全社員を対象にメンバーシップ型採用を廃止して，ジョブ型採用に移行することを2021年に明らかにした。ジョブ型採用では，ジョブの種類によって新卒入社者であっても年収1千万円が可能になるということだ。

　このような個人の大きな処遇格差が集団間の格差を生み，集団間での防衛と攻撃を生じさせるようなことがないか。ジョブ型採用を新たに導入する例が増えているが，そこから生まれる問題を日本企業はこれまでにほぼ経験したことがない。存在脅威管理理論の科学的知見に基づいて，ジョブ型採用が従業員心理に与える影響と組織間対立激化のリスクについて今後注意深くモニタリングすることが求められる。

　第三に，「内集団」と「外集団」による企業風土の構築である。存在脅威管理理論は心理的危険性だけではなく，その解決策も示唆するものである。

　個人が大きな脅威に遭遇したときの拠り所は所属集団の信念だった。この所属集団が細分化されて学閥や職種畑などが複数社内に存在するようになると，会社の中に「内集団」（自分の所属する集団）と「外集団」（自分の所属しない集団）が生まれる。これまでの存在脅威管理理論研究を踏まえれば，内集団と外集団は，経営改革やジョブ型採用などの存在的変化が生じる環境下では特に争いを生みやすい。

　しかし，会社全体を内集団とすれば社内での批判や悪口の応酬は見られなくなる。そのとき，外集団は会社の内部ではなく会社の外部に存在する競合他社，社会問題を生む集団になる。

　例えば，花王ウェイの一部に「正道を歩む」という「基本となる価値観」がある。「正道を歩む」とは「私たちは，すべての人に敬意，公平さ，共感をもって接し，使命感を抱いて誠実に仕事に取り組みます」などと定義されている。これが内集団の文化的世界観になる。

　外集団は，正道を歩まないこと，より具体的には，取引先との立場の優劣関係によって接し方を変えるような人などを指すことになる。そういう人々を花王の社員が実際に知らなくても仮想敵になる。

　ユニクロを展開するファーストリテイリングが掲げる「ファーストリテイリングウェイ」の一部に「多様性を活かし，チームワークによって高い成果を上げます」という「行動規範」がある（ファーストリテイリングウェブサイト）。この場合，外集団は，多様性ではなくモノカルチャーの中でしか活躍できない人，チームワークを尊重できない人などになる。

　企業全体を一つの内集団にするには強い企業理念が必要である。企業構成員が強く共鳴して，納得して内化したいと思うものである。花王やファーストリテイリングとは異なり，企業理念が形骸化している日本企業は少なくないが，企業理念の意義を経営改革が激しく進む今こそ再考する必要がある。

　企業理念が従業員にとっての文化的世界観として個人に内化されることは働く人々の多様性を否定するような画一的な議論を意味するものではない。花王ウェイの「すべての人に敬意，公平さ，共感をもって接し，使命感を抱いて誠実に仕事に取り組みます」，ファーストリテイリングウェイの「多様性を活かし，チームワークによって高い成果を上げます」などの信念は，偏った信念を従業員に強要するものではなく，それらの企業とその構成員が社会の一員としてありたい姿を広く定めたものである。

　以上のように，存在脅威管理理論の構造を踏まえない企業やリーダーは，組織間対立の根源を理解することができずに，逆に組織間と個人間の「分断」を助長する施策を導入してしまうリスクがある。そのリスクの存在にすら気付いていない企業やリーダーが非常に多い。

2.3. 「とても敏感な人」ならではの 仕事での輝き方

本節のテーマ

いつも細かいことが気になってしまう人がいる。上司や同僚のちょっとした一言に悪意があるように感じてしまう。悩む必要がなさそうなことをいつまでも引きずってしまう。日々嫌なことが起こるのは，他人のせいではなく敏感すぎて弱い自分の性格のせいではないかと思う。

このように人一倍敏感で悩みやすい人は自分と仕事にどのように向き合えばよいのだろうか。

組織はどのように敏感な人を理解し，活用すればよいのだろうか。

2.3.1. | 5人に1人は傷つきやすいHSP

2018年に報告された日本経済団体連合会（経団連）による大規模調査結果では「ストレス耐性」が新卒採用選考基準の上位にあることが報告された（日本経済団体連合会，2018）。新卒者を対象にした就職試験において，日本企業は志願者のストレス耐性が高いことをポジティブに，ストレス耐性が低いことをネガティブに評価していることが示唆された。

人間の生体・心理におけるストレスの感じやすさやストレスを感じた後の対処のメカニズムは古くから非常に高い関心を持って心理学領域で論じられ，多様な観点から研究が蓄積されてきた。代表的な研究理論の一つに「感覚処理感受性（SPS：Sensory Processing Sensitivity）」がある。

例えば，同じ音量でもある人にとってはうるさいと感じられるが，別のある人にとっては特にうるさいと感じられないことがある。マンションなどの集合住宅で他の部屋の音について頻繁にクレームを言う人もいるし，そうではない人もいる。職場の人間関係がわずらわしいと感じる人もいれば，特にそれをわ

ずらわしいと感じずにむしろ楽しむ人もいる。

　このような刺激の感じやすさについての個人差に着目したのが感覚処理感受性であり，「感覚情報の脳内伝達・処理過程に関する個人特性」と定義される（Aron & Aron, 1997）。

　感覚処理感受性を理論的基盤として近年盛んに世界中で研究が進められているのがHSP（Highly Sensitive Person）である（例えばGreven, Lionetti, Booth, Aron, Fox, Schendan, Pluess, Bruining, Acevedo, Bijttebier, & Homberg, 2019）。HSPの世界的ブームの端緒はAron & Aron（1997）による研究である。1997年に発表され，パーソナリティ心理学の歴史の中では比較的新しい概念として位置付けられる。

　伝統的なパーソナリティ特性概念とHSPという新しい概念との弁別性を確かめるため，ビッグファイブのパーソナリティ特性のうち神経症傾向および内向性（外向性の逆転特性）との比較が行われた研究があり，分析の結果，HSPはそれらとは別の特性として捉えられることが明らかになった。つまり，HSPは人間のパーソナリティ特性を理解するための新たな枠組みを提供したのである。

　Aron & Aron（1997）はHSPについて1因子・27項目の構造を主張した。その後，因子構造をより細分化できることを明らかにした実証研究が複数報告されており，その因子構造を見ることで仕事の状況におけるHSPの意義を明確に理解することができる。HSPの3因子構造を実証的に報告したSmolewska, McCabe, & Woody（2006）による分析結果を**図表2-10**に示した。

　第1因子に「興奮しやすさ（Ease of Excitation）」，第2因子に「美的感受性（Aesthetic Sensitivity）」，第3因子に「低い感覚閾（Low Sensory Threshold）」が抽出された。

　よって，HSPとは，第一に，興奮しやすいこと，第二に，微細な変化に気付き，美的（または審美的）な物事に価値を置くこと，第三に，気分が左右されるときの閾値が低いことを特徴に持つことが実証的に示された。

　国内外の多数の研究からHSPは全人口の20％程度存在すると考えられており，ストレッサーを苦痛と感じやすいため，もともと傷つきやすい人々であるという報告がなされている（平野，2012）。

図表2-10　HSPについての分析結果

	興奮しやすさ (Ease of Excitation)	美的感受性 (Aesthetic Sensitivity)	低い感覚閾 (Low Sensory Threshold)
他人の気分に左右されますか	.36		
痛みに敏感になることがありますか	.36		
ビクっとしやすいですか	.42		
短時間にしなければならないことが多いとオロオロします か	.68		
一度にたくさんのことを頼まれるとイライラしますか	.62		
間違えたり物を忘れたりしないようにいつも気をつけて いますか	.36		
空腹になると，集中力や気分を損なうといった強い反応 が起こりますか	.56		
生活に変化があると混乱しますか	.65		
一度にたくさんの事が起こっていると不快になりますか	.68		
動揺するような状況を避けることを優先して普段生活し ていますか	.36		
競争場面や見られていると，緊張や動揺のあまり，いつ もの力を発揮できなくなりますか	.58		
子供の頃，親や教師はあなたのことを「敏感だ」とか 「内気だ」と見ていましたか	.47		
周囲の環境の微妙な変化に気づきますか		.65	
豊かな内面生活を送っていますか		.76	
美術や音楽に深く感動しますか		.69	
自分に対して誠実ですか		.53	
物理的な環境で不快な感じがする人がいる場合，どうす れば快適にできるかわかりますか（例えば，明るさや席 を変える）		.53	
微細で繊細な香り・味・音・芸術作品などを好みますか		.68	
忙しい日々が続くと，ベッドや暗くした部屋などプライ バシーが得られ，刺激の少ない場所に逃げ込みたくなり ますか		.39	
カフェインの影響を受けやすいですか			.70
明るい光や強いにおい，ごわごわした布地，近くのサイ レンの音などにゾッとしやすいですか			.70
大きな音で不快になりますか			.70
暴力的な映画やテレビ番組は見ないようにしていますか			.57
いろいろなことが自分の周りで起きていると，不快な気 分が高まりますか			.53
大きな音や雑然とした光景のような強い刺激がわずらわ しいですか			.74
α係数	.81	.72	.78

数値は因子負荷量を示す（α係数を除く）。
(出所)　Smolewska *et al.* (2006) をもとに筆者作表。日本語訳は髙橋 (2016) を用いた（文末の「？」は省略した）。

2.3.2. 「ストレス耐性の低い人は採用しない」のは誤り

　職場では，顧客からの理不尽な要求に応じなければならないときがある。嫌な人が絡んできて逃げられないときもある。そのようなとき，ストレスを感じやすい人は心が折れてしまって，業務遂行に支障が出ることを企業は懸念する。そのため，ストレス耐性の低い人の採用にあたって躊躇したり，重要ポストへの昇進昇格を見送ったりすることが少なくない。

　しかし，図表2-10内の一部の項目に示されたとおり，HSPにはポジティブな面がある。特にわが国では，この点の理解があまり進んでいないため，以下に詳しく述べる。

　美的感受性因子に含まれる「周囲の環境の微妙な変化に気づきますか」「自分に対して誠実ですか」「不快な感じがする人がいる場合，どうすれば快適にできるかわかりますか（一部略）」などの項目が該当する。例えば，気持ちが落ち込んで調子が出ない同僚にいち早く気付いて支援すること，自分の役割（例えば納期・品質遵守）を誠実に遂行すること，お客様が不快感を持った場合にそれを敏感に察知して適切な折衝ができること，などが仕事の状況への示唆になる。つまり，人一倍感受性が強いからこそできる仕事があるということだ。

　興奮しやすさ因子に含まれる「間違えたり物を忘れたりしないようにいつも気をつけていますか」という項目も職場ではポジティブに働く可能性がある。業務上の間違いが会社に大きな損害を与えてしまうことがある。株式の誤発注処理によって国内証券取引所が大きな損害を被ったニュースや情報システムのバグによって顧客がシステムを使えなくなり，顧客からの信用を失ったニュースなどは記憶に新しい。こういった仕事のミスを防ぐためのチェックを人一倍行うのがHSPの特徴である。

　ただし，直接的に仕事の状況を取り上げて，ポジティブなHSPの働きぶりを実証的に示した研究は日本国内では管見の限り見当たらない。それが一因となって「ストレス耐性の低い人は採用しないほうがいい」という認識が日本企業にひろがり，最近は一般紙でも「敏感さん」「繊細さん」などの誤解を招きかねない表現でHSPが非科学的に論じられている。

　HSPの概念が提示された当初は，日本国内だけでなく海外においてもHSPと
は概ねネガティブな特性であると認識され，ポジティブな面はあまり注目され
なかったという歴史がある（Evers, Rasche, & Schabracq, 2008）。しかし，最
近の海外研究によって仕事の状況におけるHSPが取り扱われるようになり，ポ
ジティブなHSPの働きぶりが実証的に示されてきている。

2.3.3. 職場では「敏感な人」で 一括りにしてはいけない

　Evers *et al.*（2008）は欧州の労働者を対象にして仕事の状況におけるHSP
の実証研究を行った。実証研究のフレームワークを**図表2-11**に示した。
　第一に，「首尾一貫感覚（sense of coherence）」との関係が検証された。首
尾一貫性とはAntonovsky（1987）によって提唱された概念で，ストレスへの
対処力や精神的健康を高める要因になることが多数の研究によって示され，近
年世界的な注目を集めている。
　首尾一貫感覚は一般的に3つの下位概念から構成される。環境からもたらさ
れる刺激を無秩序で混沌としたノイズではなく，秩序と一貫性のある情報とし
て捉える感覚を指す「把握可能感」，自分と他者を信頼して物事に対処するこ
とができる感覚を指す「処理可能感」，自分の人生に意義があるという感覚を

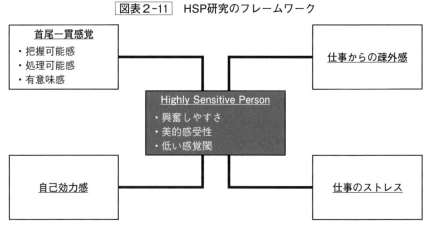

図表2-11　HSP研究のフレームワーク

（出所）　Evers *et al.*（2008）をもとに主な変数を抜粋して筆者作図

図表2-12	HSPの3因子と各概念の相関係数		
	興奮しやすさ	美的感受性	低い感覚閾
首尾一貫感覚			
把握可能感	-.47***	-.06n.s.	-.18n.s.
処理可能感	-.46***	-.02n.s.	-.34**
有意味感	-.32**	-.49***	-.19n.s.
自己効力感	-.41***	.31**	-.27**
仕事からの疎外感	.43***	.00n.s.	.40***
仕事のストレス	.37***	.07n.s.	.41***

**p<.01　***p<.001　n.s.：not significant
（出所）　Evers *et al.*（2008）をもとに筆者により抜粋して作表

指す「有意味感」である。

　第二に，「自己効力感」との関係が検証された。自己効力感とはBandura（1986）によって提唱された有名な概念であり，自分は期待する結果を生むために求められる行動をとることができるという感覚を指す。

　第三に，「仕事からの疎外感」との関係が検証された。仕事からの疎外感とは職場ならではの概念であり，働くことによるやりがいや充実とは逆の疎外感を覚えるような感覚を指す。

　第四に，「仕事のストレス」との関係が検証された。

　Evers *et al.*（2008）においてもSmolewska *et al.*（2006）の3因子構造（興奮しやすさ，美的感受性，低い感覚閾）が追試的に支持されたことから，それらの3因子をもとに各概念との相関係数を算出した結果を**図表2-12**に示した。

　まず，HSPの「興奮しやすさ」因子に関する結果から見ていこう。興奮しやすさ因子は，HSPの3因子で唯一，首尾一貫感覚の全ての下位概念と有意な負の相関係数（-.47〜-.32；p<.01またはp<.001）を示した。職場で興奮しやすい人は把握可能感が低く，処理可能感が低く，有意味感が低いという結果が示された。些細なことで興奮するという意味での敏感な人は，仕事の状況における様々な刺激が無秩序で混沌としたノイズになり，自分と他者を信頼して物事

に対処することができず，自分の人生に意義があるという感覚を持てないということだ。

　興奮しやすさ因子は自己効力感とも有意な負の相関係数（−.41，$p<.001$）を示した。些細なことで興奮するという意味での敏感な人は，職場で自分が期待する結果を生み出せると考えないと解釈された。

　興奮しやすさ因子は仕事からの疎外感と有意な正の相関係数（.43，$p<.001$），仕事のストレスと有意な正の相関係数（.37，$p<.001$）を示した。些細なことが気になりすぎてしまうため，働いても身が入らずに疎外感を覚えてしまい，また，職場における刺激に興奮しやすく，その結果としてストレスを抱えてしまいやすいものと解釈された。

　以上から，「興奮しやすさ」という意味でのHSPは仕事の状況に元来あまり向いていないと言えるだろう。このような人が仕事で輝くためには認知的な面，例えば心構えやスキル・能力の部分での努力や工夫が求められるということだ。

　次に，HSPの「低い感覚閾」因子に関する結果を見ていこう。興奮しやすさ因子の結果と概ね類似した結果が得られたが，同因子との違いは首尾一貫感覚の把握可能感および有意味感との相関係数が非有意だった点だ。気分が左右される閾値が低いという意味での敏感な人だからといって把握可能感や有意味感が低くなるわけではない。例えば，多くの情報を整理するような仕事でもその情報の多さに滅入ることがなく，職場で無意味感を感じることもないということだ。

　つまり，HSPと言っても「興奮しやすさ」を持つ人と「低い感覚閾」を持つ人がいて（もちろん両方持つ人もいる），それぞれ仕事の状況の感じ方が大きく異なるということだ。HSPを一括りにして自己理解や他者理解を進めることは適切ではないということが実証的に示された。

2.3.4. イキイキと働ける敏感な人はどんな人か

　HSPの「美的感受性」因子に関する結果は極めて特徴的だった。特に目立ったのは，HSPの他の2因子は自己効力感と有意な負の相関係数を示したのに対して，美的感受性因子は自己効力感と有意な正の相関係数（.31，$p<.01$）を示した点だ。

　美的感受性が高いという意味でのHSPは他のHSPとは異なり，自己効力感を高く有する。周囲の環境の微妙な変化に気付き，誠実で，他者を快適にすることに配慮するHSPは職場でもその特徴を活かして，自分自身が仕事で成果を出せると感じるという傾向が示唆された。HSPならではのポジティブな働き方を示すものだ。

　加えて，美的感受性因子は，仕事からの疎外感および仕事のストレスとの相関係数が有意でなかったことも特徴的だった。HSPだからといって一律に皆が仕事からの疎外感を覚え，仕事のストレスを高く感じるわけではないということだ。

　ただし，美的感受性因子は有意味感と有意な負の相関（$-.49$, $p<.001$）を示し，HSPの3因子の中で最も低い値だった点に留意が必要だ。美的・審美的な物事への志向性が高いにもかかわらず，仕事の状況がそれを満たしていない場合には，仕事に意義があるとは感じられず，そのような仕事に就いている自分に意味を見出せないものと解釈された。例えば，対人コミュニケーションが粗雑になされるような職場，指揮命令系統が整然としていない組織，人事評価や業務プロセスが理路整然としていない会社などでは，美的・審美的な物事への志向性が高いHSPは有意味感を覚えないのかもしれない。こだわりが強いだけに，それが満たされない仕事の状況への無意味感が強くなる可能性が示唆された。

　敏感な人といっても多様な人がいる。「私って敏感だな」「僕って傷つきやすいな」と感じている人がまず考えなければならないのは，自分はどのような敏感さを持っているのかということだ。それを考える前に「自分は敏感すぎて働くことに向いていないのではないか」と悩んでも意味はない。不確かな知識をもとに自分の仕事人生の可能性を狭くしてしまわないように仕事の状況でのHSP研究を参考にすることだ。

　他者理解も同様である。職場で自己効力感が高く，仕事の疎外感やストレスとは無関係にイキイキと働くことができるHSPまで，その高い敏感さへの曖昧なイメージをもとに，ストレス耐性が低そうだから採用を見送ろう・昇進昇格を見送ろう，と考えるのは知識不足の人事処遇と経営判断である。

2.3.5. | イメージで人材採用を行うから組織力が下がる

　仕事の状況におけるHSP研究は欧米で研究が進んでいる途上にあり，日本企業にはほとんど知られていない。日本国内の経営学分野の研究者であってもHSP研究の発展をフォローできている人は少ないだろう。

　その結果，多くの日本企業では「敏感な人」→「ストレスを感じやすくて打たれ弱い人」→「採用は控えたほうがよさそうだ」という表面的なイメージに基づく採用選抜を行っており，この弊害は評価者間信頼性（interrater reliability）に乏しいわが国の採用面接で一層深刻になる。

　評価者間信頼性とは，選抜基準に基づく面接において，面接者が複数いるときの同一被面接者に対する評価結果の一致性を指す。組織心理学領域では過去60年以上にわたって面接の信頼性が極めて精力的に論じられ（Arvey & Campion, 1982），なかでも評価者間信頼性研究は欧米で盛んに研究が蓄積された一分野である。

　海外の面接研究では評価者間信頼性の高さが実証的に示されてきた（Latham, Saari, Pursell, & Campion, 1980；Conway, Jako, & Goodman, 1995など）。さらに，海外研究では評価者間の評価差異に影響を与える要因の実証研究も進められてきた（Bass, 1951；Baron, 1987；Rynes & Gerhart, 1990；Graves & Powell, 1996；Howard & Ferris, 1996；Posthuma, Morgeson, & Campion, 2002；Chen, Lee, & Yeh, 2008など多数）。これらの研究成果に基づいて，面接者個々人の偏向性や恣意性に依存しない面接のあり方が具体的に提言されてきた。

　一方で，わが国における採用面接の評価者間信頼性研究は非常に少なく，実態はあまりわかっていない。わが国の数少ない研究例の一つとして，日本企業を対象にした筆者によるものがある（鈴木，2016）。鈴木（2016）は，新卒採用面接において2名の面接者が同じ被面接者（就職活動生）に対して5個（社会人の態度，対人関係力，性格の適合度，誠実さ，業績創出可能性）に細分化された選抜基準をもとに評価したときの面接者の採点結果間の順位相関係数を選抜基準別に分析した（**図表2-13**）。

　同一の被面接者について同一の選抜基準をもとに2名の面接者が評価した値（例えば面接者が2名とも「社会人の態度」を評価した結果の値）の一致は，

| 図表2-13 | 日本企業の採用面接の評価者間信頼性研究 |

	社会人の態度	対人関係力	性格の適合度	誠実さ	業績創出可能性
社会人の態度	.25***	.30***	.28***	.25**	.38***
対人関係力	.19*	.23**	.26***	.22**	.23**
性格の適合度	.17*	.14†	.41***	.00n.s.	.24**
誠実さ	.08n.s.	.12n.s.	.02n.s.	.23**	.03n.s.
業績創出可能性	.16*	.16*	.11n.s.	.08n.s.	.04n.s.

†*p*<.10　*p<.05　**p<.01　***p<.001　n.s.：not significant
値は順位相関係数。網掛けは同一の選抜基準の対。行と列は別々の面接官による評価値。
(出所)　鈴木（2016）をもとに筆者作成

異なる選抜基準をもとに2名の面接者が評価した値（例えば面接者の1名は「社会人の態度」を評価し，別の面接者1名は「対人関係力」を評価した結果の値）の一致よりも高くなることが当然期待されるが，同図表に示されたとおり，それとは逆の傾向がある程度確認された。採用面接の評価者間信頼性が不足しているということだ。同じ被面接者への同じ選抜基準の評価がなぜ異なるのだろうか。

　人種による差別の禁止などの社会的背景を踏まえて，先入観や偏ったイメージに基づいた人物への評価を排除することが米国企業の採用選抜には求められて，採用面接の構造化や評価者間信頼性の担保などが進められてきた。

　米国に比してそのような歴史的経緯に基づく課題意識が強いとは言えない日本企業では採用面接の科学化で大きく後れをとっており，いまだに先入観や偏ったイメージに基づく採用面接が大手企業でも行われている。例えば「対人関係力」という選抜基準を設けても，その内容が曖昧であり，面接者によって異なるイメージが持たれるため，面接者が異なれば同一選抜基準でも評価結果が異なってしまうのである。

　職場で輝ける敏感な人を正しく見極めるためにはHSPの下位概念を理解するとともに，採用面接のあり方を大きく見直し，科学的面接にシフトしなければならない。敏感な人を一律に考えるのではなく，敏感といっても大きく3つの

敏感さがあり，美的感受性の高い敏感な人は仕事のストレスとは無縁であり，むしろ仕事をとおして自己効力感を高く持つということを面接者が理解した上で目の前の学生に対峙しなければならない。

　HSPを人事責任者が理解したとしても，結局多くの学生に合否を出すのは現場の面接者である。現場の面接者がHSPを理解できていなければ，本来イキイキと仕事ができる人であっても「敏感そうで線が細いから不合格」というイメージで評価を下してしまうのである。組織の戦力をみすみす目の前から取り逃してしまっているわけだ。

　その逆に，知識ある競合他社はその人材ならではの仕事での輝き方を見つけ，採用し，組織力をあげていく。

コラム　仕事に使えるビッグファイブ

─── コラムのテーマ ───

　パーソナリティ特性理論として世界的に広く知られているのはダーク・トライアドやHSPだけではない。世界的に最も有名なパーソナリティ特性理論は「ビッグファイブ（Big Five）」であると言っても過言ではないだろう。

　欧米企業の中にはビッグファイブを人材採用やチームビルディングに用いている例もあるが，わが国では，これまで仕事の状況におけるビッグファイブが体系的に紹介される機会がほぼなかった。その結果，ビッグファイブの名前だけは聞いたことがある，という程度にとどまり，その系譜や内容まで知っている経営分野の研究者や企業実践家は国内にあまりいない。

　ビッグファイブとは何か。そして，仕事の状況でどのような意義があるのだろうか。

世界を席巻するビッグファイブ

　現在，パーソナリティ特性理論として国際的に支配的地位にあるビッグファイブ理論の起源には諸説あるが，1884年にまで遡ることができるだろう。進化論で著名なダーウィンのいとこにあたるGalton（1884）は辞書に約1000語のパーソナリティに関する語があることを発見した。

　その後，1936年に発表された論文が世界的に有名である。ハーバード大学の著名な心理学者Allportら（Allport & Odbert, 1936）は辞書を網羅的に調査した結果，4,504個のパーソナリティ特性語を発見した。辞書を網羅的に調査することで人間のパーソナリティ特性を探索するアプローチは海外だけではなく，わが国の研究でも広く用いられてきたものであり，『広辞苑』が参照されるこ

とが多い。

　パーソナリティ特性という概念をとおして人間の心理的特性を理解するためにはいくつのパーソナリティ特性があるのかを知らなければならない。そして，それぞれのパーソナリティ特性間の差異を明らかにしなければならない。例えば，「心配性である」と「うろたえやすい」という 2 つのパーソナリティ特性の概念は似ているような気がするし，少し異なるような気もする。このような一つひとつのパーソナリティ特性を辞書から抽出し，それを何個のカテゴリに集約して収められるのか，という問いは古くからの世界的関心だった。

　この関心に応えるために世界中で非常に数多くの研究がなされてきた。質的および量的研究法が用いられた結果，人間のパーソナリティ特性は国や文化を問わず，5 個の因子によって説明されるというビッグファイブ理論が確立された（例えば，Goldberg 1990, 1992）。ビッグファイブは観点の違いからファイブ・ファクター・モデル（McCrae & Costa, 1987）と呼称されることもある。

　5 因子とは「Extraversion」「Agreeableness」「Conscientiousness」「Neuroticism（または逆転因子でEmotional Stability）」「Openness to Experience（またはOpenness）」である。和訳では，順にそれぞれ「外向性」「協調性（または調和性，愛着性）」「勤勉性（または良識性，統制性，誠実性）」「神経症傾向（または情動性。逆転因子として情緒安定性）」「開放性（または経験への開放性，知的好奇心，遊戯性）」と呼称される（和田，1996；下仲・中里・権藤・高山，1998；藤島・山田・辻，2005；村上・村上，2008；小塩・阿部・カトローニ，2012）（**図表コラム-1**）。

　この 5 因子構造は海外だけではなく，日本でも認められるに至っている（内田，2002；Yamagata, Suzuki, Ando, Ono, Kijima, Yoshimura, Ostendorf, Angleitner, Riemann, Spinath, Livesley, & Jang, 2006など）。日本国内では1990年代ごろから 5 因子の枠組みに則った日本語版尺度が複数開発され，昨今は質問項目を大幅に減らしても信頼性と妥当性が確保された尺度が開発されるに至った（小塩ほか，2012）。

　このようにビッグファイブは基礎的な研究が徐々に完了に向かっていると思われる。それを受けて，国内外で 5 因子の枠組みを前提とした男女の性差，年齢差という点にまで議論が伸長し，実証結果が積み上げられている（Soto,

図表コラム-1　ビッグファイブの5因子

外向性　協調性

勤勉性　情緒安定性　開放性

John, Gosling, & Potter, 2011；Srivastava, John, Gosling, & Potter, 2003；Terracciano, McCrae, Brant, & Costa, 2005など）。

ビッグファイブは具体的に何を指すのか

　ビッグファイブの各因子については研究によって多少差異がある部分もあるが概ね共通している部分が多い。

　簡便にビッグファイブを調査可能な測定尺度として世界的に知られているものにTIPI（Ten-Item Personality Inventory。Gosling, Rentfrow, & Swann, 2003）がある。TIPIの質問項目によって，各因子の概念をわかりやすく知ることができる。Gosling *et al.*（2003）とその日本語訳である小塩ほか（2012）に基づき，各因子に該当する質問項目を**図表コラム-2**に示した。

　各因子の内容について以下に述べる。

①　外向性（Extraversion）

　外向性は，次に述べる因子の協調性と混同されやすいが，長年のビッグファイブ研究に基づき別の因子として捉えられる。外向性は外への姿勢が主に扱われるのに対して協調性は相手を受け容れるという姿勢が主に扱われる。

　職場では，会議で積極的に意見を言う人，異なる部署の人々と盛んに交流を持つ人，お客様と明るく接する人などが外向性の高い人に該当するだろう。

86

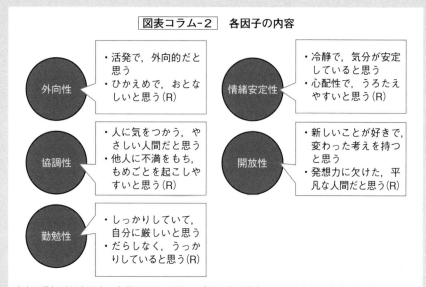

図表コラム-2　各因子の内容

外向性
・活発で，外向的だと思う
・ひかえめで，おとなしいと思う(R)

情緒安定性
・冷静で，気分が安定していると思う
・心配性で，うろたえやすいと思う(R)

協調性
・人に気をつかう，やさしい人間だと思う
・他人に不満をもち，もめごとを起こしやすいと思う(R)

開放性
・新しいことが好きで，変わった考えを持つと思う
・発想力に欠けた，平凡な人間だと思う(R)

勤勉性
・しっかりしていて，自分に厳しいと思う
・だらしなく，うっかりしていると思う(R)

(R)は逆転項目を示す。全質問項目の最初に「私は自分自身のことを」という文言が含まれるが，上記からは削除した。
（出所）　Gosling *et al.* (2003)・小塩ほか（2012）をもとに筆者作図

　一方で，会議でおとなしく，チームで働くよりも個人で黙々と働くことを好む人などは外向性の低い人に該当するだろう。

②　協調性（Agreeableness）
　職場では，周囲の人と揉めずに上下問わず人間関係をうまく構築するような人が協調性の高い人に該当するだろう。
　一方で，いつも誰かの不満・悪口ばかりを言い，自分勝手で職場にうまく馴染めずに浮いてしまうような人は協調性の低い人に該当するだろう。

③　勤勉性（Conscientiousness）
　職場では，自分の仕事の品質，納期，勤怠などに厳しい人が勤勉性の高い人に該当するだろう。
　一方で，品質，納期，勤怠などに無頓着でルーズな人は勤勉性の低い人に該当するだろう。

④　情緒安定性（Emotional Stability）

　職場では，トラブルや業務の繁閑の波があっても動じずにいる人，気分の好不調の波が大きくない人が情緒安定性の高い人に該当するだろう。

　一方で，トラブルや業務の繁閑で気分が大きく動転してしまう人は情緒安定性の低い人に該当するだろう。

⑤　開放性（Openness）

　職場では，常に色々な情報にアンテナをはり，新商品や業務改善のためのアイデアをどんどん出す人が開放性の高い人に該当するだろう。

　一方で，新たなトレンドなどの新規性のあるものに興味を示さない人は開放性の低い人に該当するだろう。

ビッグファイブはジョブ・パフォーマンスと関係する

　ビッグファイブと仕事のパフォーマンス（job performance）との関係を扱った有名な研究にBarrick & Mount（1991）がある。人材選抜場面におけるビッグファイブ研究を117個集めて，対象者計2万名を超える大規模なメタ分析を行った研究である。同研究において報告されたビッグファイブの各因子と仕事のパフォーマンスとの相関係数を図表コラム-3に示した。

図表コラム-3　ビッグファイブと仕事のパフォーマンスとの関係

外向性
$\hat{p} = .10$
n = 12,396

協調性
$\hat{p} = .06$
n = 11,526

勤勉性
$\hat{p} = .23$
n = 12,893

情緒安定性
$\hat{p} = .07$
n = 11,635

開放性
$\hat{p} = -.03$
n = 9,454

（出所）　Barrick & Mount（1991）をもとに筆者作図

　5因子の中で最も高い相関係数を示したのは勤勉性だった。しっかりしていて，品質・納期などの確保・遵守に向けて誠実に取り組める人が仕事のパフォーマンスが高いという結果だった。5因子のうち，勤勉性がジョブ・パフォーマンスに最も強く関係するという結果はその後の多くの研究でも支持されている。

　一方で，開放性は絶対値が小さいものの負の相関係数を示した。開放性は新たなアイデアを出す創造性は高いものの，その反面でルーティンワークや定型業務を忌避する傾向があるという，仕事の状況での留意点が別の研究（Nettle, 2007）で報告されている。そのような研究も踏まえると開放性が仕事のパフォーマンスと平均的に正の関係を示すとは言えないということだろう。

ジョブによって有効なビッグファイブは変わる

　Barrick & Mount（1991）による研究は「ジョブの差異」に着目した上で，ビッグファイブとジョブ・パフォーマンスの関係を明らかにしたことも大きな注目を集めた。

　ジョブは「専門職（エンジニアなど）」「管理職」「営業職」「警察官」「その他（事務職，受付など）」に分けられた。ジョブ別のビッグファイブとジョブ・パフォーマンスの相関係数を図表コラム-4に示した。

　ここでも5因子の中で最も高い相関係数を示したのは勤勉性だった（.20〜.23）。

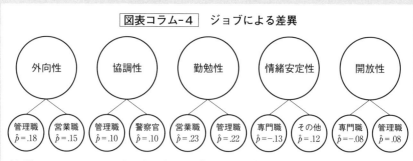

図表コラム-4　ジョブによる差異

外向性		協調性		勤勉性		情緒安定性		開放性	
管理職 $\hat{p}=.18$	営業職 $\hat{p}=.15$	管理職 $\hat{p}=.10$	警察官 $\hat{p}=.10$	営業職 $\hat{p}=.23$	管理職 $\hat{p}=.22$	専門職 $\hat{p}=-.13$	その他 $\hat{p}=.12$	専門職 $\hat{p}=-.08$	管理職 $\hat{p}=.08$

（出所）Barrick & Mount（1991）をもとに，各因子で絶対値が上位2位のジョブを筆者により選択して作図。
　　　なお，係数が同値の場合は筆者抜粋

ジョブを問わず，勤勉な人ほど仕事の成果が高いということだ。

　一方で，情緒安定性や開放性はジョブによる差異が目立った。情緒安定性は「その他」のジョブでは仕事のパフォーマンスと正の相関係数を示したものの「専門職」のジョブでは負の相関係数を示した。特定の分野を極める専門職では多少情緒に波があっても仕事のパフォーマンス上は問題がなく，むしろ情緒に波が少しあるぐらいのほうが特定の分野にのめり込めるのかもしれない。開放性は「管理職」のジョブでは正の相関係数を示したが，「専門職」のジョブでは負の相関係数を示した。多角的に総合的判断を行う管理職は様々な情報にアンテナを働かせる必要があるが，特定分野に特化した職人気質の専門職の場合，そのような発散的思考は仕事の成果につながらないのかもしれない。

　つまり，パーソナリティ特性理論で支配的地位にあるビッグファイブといえども一概に何かの因子が高いから仕事で活躍するというものではない。ジョブごとに異なる状況下で見るべき因子が変わるということだ。ジョブ型採用では面接や性格適性検査の見るべきポイントを変えなければならないということである。

　ビッグファイブと仕事のパフォーマンスの関係があることを示した研究は北米を対象にしたものだけではなく欧州を対象にしたものもあり，Barrick & Mount（1991）と概ね同様の結果が確認されている（Salgado, 1997など）。

　パーソナリティ特性研究の歴史的系譜を見るとビッグファイブが共通的枠組みとして存在するところから議論が開始されることが多い。心理学が伝統的に対象にしてきた臨床場面や学校教育場面だけではなく仕事の場面でも同様の傾向がある（Spain, Harms, & LeBreton, 2014）。

　2000年代からはビッグファイブの枠組みだけでは人間のパーソナリティを包含しきれないことが指摘されるようになってきた。既に述べたダーク・トライアドについても，ビッグファイブの枠組みが共通理解としてまず存在し，その上でビッグファイブだけでは人間心理のダークサイドが十分捉えきれないという課題意識が生じて，仕事場面のダーク・トライアドが論じられるようになってきた（Spain *et al.*, 2014）。

　つまり，個々別個のパーソナリティ特性理論を枠組みなく，いわば「つまみ

食い」するのではなく，ビッグファイブの枠組みを基礎として理解し，その上で個別のパーソナリティ理論を理解することが必要だ。

　わが国ではビッグファイブと仕事のパフォーマンスの関係性に関する科学的知見はほぼ提出されていないと言ってよいだろう。例外的に，適性検査を販売する一部の民間企業がレポートなどを提出しているが，尺度内容の機密性が高いため，その関係性が十分な科学性や客観性を持って進んでいないように思われる。

　経営分野の研究者にとってはビッグファイブの名前こそ知っているものの，1884年以来続く歴史の非常に長い，奥が深い研究分野であるため，あまり気軽に手を出せないような雰囲気の研究対象になっている。その結果，仕事に関連したビッグファイブについての科学的書籍や論文が日本国内では極めて少ない。

　記事や書籍によっては占いやエンターテインメントの道具に近い形でビッグファイブが紹介されることもある。科学的な信頼性が十分ではない内容では誰かのパーソナリティ特性を不正確に決めつけてしまうリスクがある。ビジネス書では多種多様な心理概念が濫立している。同じような概念が手を替え品を替えて登場することもある。

　そのような無駄な議論に踊らされないように，パーソナリティ特性のビッグファイブという基礎からビジネスパーソンは学ぶ必要がある。ビッグファイブ研究は欧米で多数蓄積されており，単なる心理概念という枠を越えて，今や常識的な経営ツールになっている。

第 3 章

性格と向いている仕事

3.1. 性格−状況−組織行動の関係性

―――――― 本 節 の テ ー マ ――――――

　「君のその暗い性格，何とかならないかね」「もっと明るく振る舞いなさい」などと自分のパーソナリティに関わる指摘を受けたことがある人は少なくないだろう。

　明るい性格の人がいるということは暗い性格の人も必然的に社会に存在することになるが，果たして，暗い性格は仕事に向かないのだろうか。暗い性格といっても状況次第では仕事の成果につながることもあるのではなかろうか。

　この問いはパーソナリティを理解する上で根源的なものであり，特定のパーソナリティについての仕事との固定的な関係性および状況による可変性に関する論点で，歴史的な大論争がなされたものだ。その大論争の起源は古く1960年代にまで遡る。

　心理学領域でこの大論争とその着地点は広く知られているところであるが，経営学領域や日本企業のビジネス場面ではほとんど知られていない。その結果，パーソナリティを誤って解釈し，上司が部下に「性格を変えろ」と指導してしまっている。

　いったいどのような大論争が繰り広げられ，どのような帰結に至ったのだろうか。それが職場における仕事にどのような意味を持つのだろうか。

3.1.1. 生後14カ月時の気質は成人後にまで影響する

　乳幼児期の気質を示す有名な心理学概念の一つに「行動抑制（Behavioral Inhibition)」があり，慣れていない状況や人物を回避するなどの特性を指す。なお，気質とは乳幼児期のパーソナリティ特性を指す。

　生後14カ月の子どもの行動抑制気質が20歳代半ばになったときのパーソナリ

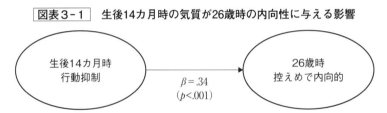

図表3-1　生後14カ月時の気質が26歳時の内向性に与える影響

(出所)　Tang *et al.* (2020) をもとに筆者作図

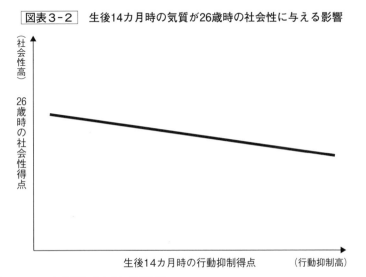

図表3-2　生後14カ月時の気質が26歳時の社会性に与える影響

(出所)　Tang *et al.* (2020) をもとに筆者作図

ティ特性に影響を与えるのかどうかを約25年間という非常に長期にわたる追跡調査を行って明らかにした最近の研究がある(Tang, Crawford, Morales, Degnan, Pine, & Fox, 2020)。

　100名を超える追跡調査を行った結果，**図表3-1**のとおり，生後14カ月のときに行動抑制気質が高く見られた子どもは，26歳になっても控えめで内向的なことが明らかになった（β=.34, p<.001）。

　また，**図表3-2**のとおり，生後14カ月のときに行動抑制気質が高く見られた子どもは，26歳になっても社会性に乏しいことが明らかになった（β=.−23, p<.05）。

　本研究と類似した結果を示す追跡調査は海外における他の研究でも見られる。つまり，パーソナリティ特性は乳幼児のころから年輪のように個人の内面に深く刻まれて，大人になってから容易に変えられるものではないことが示唆される。

　大人になってから「君のその暗い性格，何とかならないかね」などと指導されても，それは年輪のように深く刻まれた個人のパーソナリティ特性の変更を無理に求めているだけだ。上司は無理な注文を部下に押し付ける前にパーソナリティ特性の基礎知識を学ぶ必要がある。

　上司－部下関係のみならず，就職を目指す大学生にとっても示唆深い。大学生は自分がどのようなパーソナリティ特性を持つかについて就職活動前に知らなければならない。行動抑制のように見知らぬ状況や人物を回避する傾向が強い子ども時代を送った大学生が社会人になってから急に外向的で，高い社会性を発揮する組織行動をとれるのかというと，平均的にそうではないということだ。

　自分が持つパーソナリティ特性への理解が不十分なままにイメージだけで就職活動をしてしまうと，他の人にはさほど負担にならなくても，自分にとっては強い負担を感じるような仕事に就いてしまうかもしれない。向いていない仕事との出会いと不幸な早期離職への予兆は入社する前段階にあるのである。

3.1.2. 新卒就職から定年退職までの性格はある程度安定する

　多くの人にとって働くことは一過性のものではなく，長い間関わる活動である。そのため，仕事と自分のパーソナリティ特性の関係を検討するとき，成人後の一時期だけに限らず，若年期・中年期・老年期といった長い期間でのパーソナリティ特性の安定性についての知識が必要になる。

　生まれてから高年齢者になるまでのパーソナリティの安定性を示した世界的に有名なメタ分析がある。1932年から1994年までになされた縦断調査に基づく152個の研究を集め，計50,207名を扱ったもの（Roberts & DelVecchio, 2000）だ。同研究で報告された結果を**図表3-3**に示した。

　同図表に示されたとおり，0歳から2.9歳までの間のパーソナリティ特性の

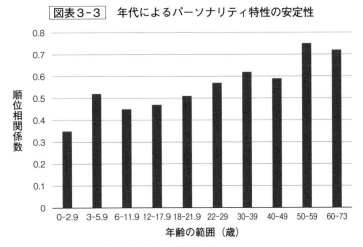

| 図表3-3 | 年代によるパーソナリティ特性の安定性

（出所）　Roberts & DelVecchio（2000）をもとに筆者作図

安定性は他の年代に比べるとやや低かった。この年ごろではまだパーソナリティ特性が固まりきらないものと解釈された。ただし，全く固まらずに極めて不安定かというとそうではなく，ある程度の水準の順位相関係数が確認された。

　その後，3歳から5.9歳では$\rho=.52$とパーソナリティ特性の安定性が上がった。大学卒業後，社会人になる年齢を22歳，定年退職を60歳と仮定すると新社会人になった後から定年退職あたりまでのパーソナリティ特性の安定性は$\rho=.57\sim.75$の範囲を示し，高い水準が確認された。

　以上から，パーソナリティ特性の年齢による変化はもちろん否定できないが，安定性もある程度高く認められた。

　もちろん，パーソナリティ特性のみが仕事の状況における組織行動を決定するわけではない。スキルや心構えなどの認知的側面によっても組織行動は決定されるが，パーソナリティ特性によって決定される部分もある。その部分において成人後はある程度高い安定性があるということだ。

3.1.3. 遺伝・社会的投入・予期的社会化・組織社会化によって性格が安定する

　パーソナリティの安定性が高い理由は遺伝的要因と後天的要因の両方から研究がなされ，説明されている（**図表3-4**）。

　まず，パーソナリティ特性（例えばビッグファイブ）は遺伝的要因によって形成される（例えば，McCrae, Costa, Ostendorf, Angleitner, Hřebíčková, Avia, Sanz, Sánchez-Bernardos, Kusdil, Woodfield, Saunders, & Smith, 2000など）。程度の議論はまだ残されているが，遺伝的規定性がパーソナリティ特性にはあるということだ。

　次に，後天的要因については様々な説明が可能だが，ここでは「社会的投入」と「予期的社会化」・「組織社会化」に着眼したい。

　社会的投入は心理学領域で有名な概念であり，人生において限られた自己の資源を仕事などの社会生活に投入することを指す。社会的投入によって社会生活の中での自己役割を認識し，役割達成への努力をとおして自己形成がなされることなどが知られている。

　人間は，自らの特性を活かせない環境よりも活かせる環境を好んで選択し続け，そこで認められることによってアイデンティティを獲得する傾向があり，元来有するパーソナリティ特性が活かせる環境を選択し続けることで，パーソナリティ特性が時間経過とともに安定性を高める。

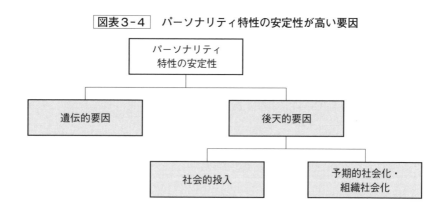

図表3-4　パーソナリティ特性の安定性が高い要因

　職場に関連した研究にRoberts, Wood, & Smith（2005）があり，自己のパーソナリティ特性を資源として，最も高い報酬を得られそうな職業に社会的投入を行うことでパーソナリティ特性が年々安定していくことを指摘した。

　例えば，仕事の状況では，奇抜な新規性のある企画を出すことが得意なクリエーターが毎朝定時に出社することを苦手にすることがある。開放性が高く，勤勉性が低いパーソナリティ特性の人である。このような人が毎朝定時に出社してルーティンワークを行う仕事を自ら進んで選択するとは考え難い。自分の特性に合う職場を選択し，さらに自らが働きやすいように環境を変えていく。そうして年々その人の開放性は高く，勤勉性は低いというパーソナリティ特性が安定していくということだ。

　また，誰かに細かく指示をされたくないという性格の人がいる。この人は自分でビジネスを始めたり，自由度の高い働き方を選んだり，自分が仕事の方向性を決められるように専門性の高い仕事を選んだりする。そうしてその人のパーソナリティ特性は年々安定していく。

　予期的社会化とは組織参入前の学校教育などをとおした社会化の過程（Van Maanen, 1976），組織社会化とは組織への新規参入者が組織外部者から内部者へと移行する過程を指す（Bauer, Bodner, Erdogan, Truxillo, & Tucker, 2007）もので，教育学領域や経営学領域で有名な概念である。

　組織に馴染んでいく組織社会化は，実は組織参入前から既に始まっていると捉えるのが予期的社会化研究の特徴である。例えば，営業職として入職後に組織に馴染んで高い販売成績を実際にあげた者は，実は入職前の大学生の時点から顧客への熱い想い入れがあったことなどが実証的に報告されている（鈴木, 2021）。

　大学生などの組織への新規参入候補者は，通常，自らの特性をより活かせそうな仕事の状況を好んで選択する。就職活動での会社やジョブの選択だけではなく，選択後すなわち就職先決定後には，きたるべき未来に備えて適応準備を始める。例えば，グローバルカンパニーに就職が決まった大学生は留学し，経理専門職に就職が決まった大学生は簿記を勉強し，コンサルティング会社に就職が決まった大学生はMBA（経営学修士）のテキストを読み込む。入職して社会人になった後は，自分が有する特性を活かせそうなジョブ，チーム，人間

関係を職場で選択する。これらの予期的社会化および組織社会化によってパーソナリティ特性の安定性が日々増していく。

3.1.4. 組織行動の理解には人間－状況論争の着地点を知る必要がある

　産業組織で働く人は多くの「状況（situation）」を職場で経験する。状況の例としては，部下の立場で上司に報告する，上司の立場で部下を指導する，同僚と話して協調的関係を構築する，顧客と折衝するなど多数のものが該当する。これらの状況の差異によって立ち振る舞い，話す内容，話し方は異なる。

　図表3-5に示すように，「状況1」～「状況10」までの10個の異なる状況があったと仮定し，状況によってAさんとBさんの特定行動（例えば，誠実に他者と接するという行動）の出現頻度が異なるとする。多少の凹凸はあるが，平均的にはBさんのほうがAさんよりも誠実に他者と接すると読み取れる。この平均的な行動の傾向性に着目した上で，その行動の規定因としてのパーソナリティ特性（例えば，勤勉性・誠実性）についてBさんのほうがAさんよりも高いと考える。

　つまり，パーソナリティ特性は各個人の行動の規定因として存在し，それは状況が異なっても平均的傾向として概ね一貫していると捉える。これがパーソナリティ特性の通状況的一貫性の考え方である。

　同図表を見ると，例えば「状況5」「状況8」ではBさんの行動が平均的な傾向性とは異なる。その他の複数の状況では誠実に行動するのに，そうではな

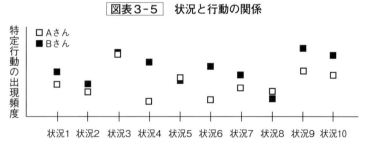

図表3-5　状況と行動の関係

（出所）　Mischel & Shoda（1995）を参考に筆者作図

いということだ。例えば，普段から多くの状況では上司や顧客などの他者に対して誠実に接するのに，状況が異なり，社内の部下に指導する状況では部下に対して粗雑で荒い言動をとる，というような場合だ。

　古典的な通状況的一貫性の考え方はこのようなケースには適用できず，個別の一部の状況によっては人間の行動が変わるとも言える。このような行動の状況依存性を強く主張したのが有名なMischel（1968）による「状況論」である。

　行動の規定因としてのパーソナリティ特性は古典的理論が想定しているほどの強い通状況的一貫性を持たない，というのが状況論による批判であり，それまでの理論の前提を覆すものだったため，世界規模での大論争（「人間－状況論争」などと呼ばれるもの）を巻き起こした。

　つまり，状況論の主張は，例えば勤勉性・誠実性のパーソナリティ特性が高い人の行動は，常に誠実に他者に接するという形で観察されるのではなく，状況が変われば同じ人であっても別の行動が観察される場合もあるのだから，パーソナリティ特性が様々な状況をとおした行動の規定因になるとは強く言えない，ということだ。これを契機にして，行動は，人間が持つパーソナリティ特性によって規定されるのか，それとも人間を取り巻く状況によって規定されるのか，という論点について極めて多くの研究がなされた。

　大論争の結果としてパーソナリティ特性研究が得たものは多い。例えば，個人の有するパーソナリティ特性は同一状況下では一貫した行動を規定するが，異なる状況下では各状況固有の刺激が行動を規定して一貫した行動は見られないこと（Ross & Nisbett, 2011など）などが指摘され，発展的理論の開発につながった。

　その代表的な理論の一つで，仕事の状況における参照意義が高いものに「CAPS（Cognitive-Affective Personality System）理論」（Mischel & Shoda, 1995など）があり，これまでに実証分析結果が多数蓄積されてきた。

　CAPS理論を支える考え方に「if...then...」プロフィールがある。「if...then...」プロフィールは，個々人にとって別個の状況が存在するとき（＝if），個々人がどのような行動をとるか（＝then）を明らかにすることを目的にする。CAPS理論の概念図を**図表3-6**に示した。

　同図表の状況Aを「業績が求められる状況」とする。渡辺さんは，この状況

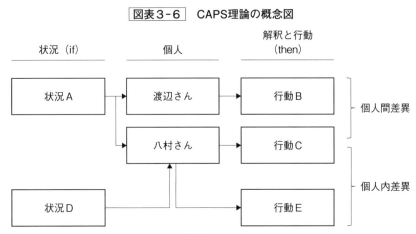

図表3-6　CAPS理論の概念図

（出所）　Mischel & Shoda（1995）を参考に筆者作図

Aの下で消極的な組織行動（行動B）をとっている。上司からの「高い業績を
あげろ」というプレッシャーが強くて，へこたれてしまっているのだ。ビッグ
ファイブの情緒安定性が低く，プレッシャーに弱くて悩みがちな人である。

　一方，同じ状況Aの下で働く八村さんは積極的な組織行動（行動C）をとっ
ている。渡辺さんと同じ上司からの「高い業績をあげろ」というプレッシャー
はあるが，やってやろうじゃないか，と奮起できる人だ。ビッグファイブの情
緒安定性や自己効力感が高い人である。

　このように同じ状況であっても個々人によってパーソナリティ特性が異なる
ため，解釈に個人間差異が生じ，その結果として個々人の行動は異なる（行動
B≠行動C）。このケースでは，個人のパーソナリティ特性が行動の規定因に
なることを意味しており，この点では古典的な通状況的一貫性が前提とする考
え方と相違はない。

　一方で，八村さんはいつでも，やってやろうじゃないかと奮起して，積極的
な組織行動を示すわけではない。

　高い業績が求められる状況Aとは異なる状況D（部下の悩みを聞くような状
況）では，八村さんは仕事を楽しいと感じずに，部下の悩みを聞くような機会
を持つことをなるべく避けたいと考えている。部下との予定よりも個人業績に

つながる他の会議を優先して，部下との会議をキャンセルすることが相次ぎ，部下からのクレームが人事部に寄せられている。

　人事部は，普段は安定して良い働きぶりを示し，業績が高くて上司からの評判の良い八村さんがどうしてこのような評判の悪い行動を同じ職場でとるのかが不思議でならず「八村さんらしくない」と言う。

　状況Dでは情緒安定性や自己効力感というパーソナリティ特性が行動Cとして実際に発現しないということだ。そのかわり，協調性の低さという別のパーソナリティ特性が喚起されて行動Eとして発現する（行動C≠行動E）。協調性が低いため，部下の悩みや意見を受容することが苦手で，それが部下との会議をないがしろにするという組織行動の規定因になっている。同じ個人内でも状況が異なれば解釈に差異が生じ，それが異なる組織行動の発現につながる。

　つまり，情緒安定性や自己効力感の高い人が常に職場で積極的な組織行動を示すわけではない点に注意が必要だ。この点においては，パーソナリティ特性の古典的な通状況的一貫性は否定される。

　これだけ行動が状況に依存するのであれば，行動の規定因として状況のみを考えればよく，パーソナリティ特性を考えることはさほど要らないのではないかとも思われるだろう。

　パーソナリティ特性はビッグファイブの5次元やダーク・トライアドの3次元などに代表されるように次元集約が行われ，特性数を絞り込むことに研究の系譜がある。人間のパーソナリティ特性は無数にあるのではなく限定的な個数で論じられる。

　そして，極めて特異な状況を除いて状況には類似性を伴うことが少なくない。職場で高い業績が求められる状況Aは，その担当業務から離れたとしても，例えば全社的な新規プロジェクトを新たなチームで立ち上げて成功させることが求められる他の状況Xと類似した特徴を持つ。

　部下の悩みを聞く状況Dは，顧客が抱える問題に共感することが求められる他の状況Yと類似した特徴を持つ。パーソナリティと関わる状況も無数にあるのではなく限定的な個数で論じられるということだ。

　よって，八村さんの有するパーソナリティ特性が次元的に理解されれば，状況A，そしてそれと類似する状況Xなら行動C，状況D，そしてそれと類似す

る状況Yなら行動Eが発現されると予測できる。

　古典的な通状況的一貫性の考え方ほどは強く一貫性を認めず，状況依存性を認めながらも，パーソナリティ特性を行動の規定因の一部として認めることで行動の予測や理解につながる，と捉えるのが大論争を踏まえた今日的な着地点の一つであり，仕事の状況における組織行動を捕捉するときに大きな意義を持つ。

3.1.5. | 激変する仕事の状況で輝くためのif thenとRJP

　企業では，国内の既存事業でエース級の活躍を見せた社員を海外事業の新規開拓に抜擢配置したものの，思うような成果があがらないばかりか，メンタルを病んで帰国してしまった，という例をしばしば見かける。また，現場の営業職として抜群の販売成績をあげたトップ営業社員を本社企画部門に抜擢配置したものの，うまく活躍できなかったという例もよく見かける。いずれもビジネス現場に長くいる人は耳にしたことがあるケースだろう。

　このとき「あれだけエネルギッシュに働いていた彼がいったいどうしたのだろうか」という疑問が経営層や人事部を悩ませる。しかし，この疑問の背景にあるのはパーソナリティ特性の古典的な通状況的一貫性であることに気付かなければならない。すなわち，どんな状況であっても彼は一貫してエネルギッシュに仕事に取り組めるはずだという思い込みである。

　CAPS理論の「if...then...」プロフィールで示されたとおり，状況が異なれば喚起されるパーソナリティ特性が異なり，結果としての組織行動も異なる。

　エース級の活躍を見せた事業では，その社員にとって好ましい状況が整っていたのだろうし，現場の営業職として抜群の販売成績を残した社員も同様である。それらの社員の良さが発揮できる状況（担当業務や所属部署など）を検討するために，本来はCAPS理論を経営知識として備えた上で彼らの「if...then...」プロフィールを理解することが必要だった。人間のパーソナリティ特性は安定性が高く，容易には大きく変えにくいため，それに伴ってその人が輝ける状況と輝けない状況も容易には大きく変えにくいのだ。

　もちろん，スキルやマインドセットなどの学習によって状況への解釈を変え，組織行動を変えられる部分はあるため，一概に「性格−状況−組織行動」の関

係性が固定的で不変的なものであるというわけではないが，学習してその関係性を変えるにはある程度長い時間が必要とされることが多い。

　他者ではなく自分自身に目を向けてみよう。今，自分が暗い気持ちでしか仕事に取り組めていない。そんな人もいるだろう。以前は明るい気持ちで仕事に取り組めていたのに，自分はどうかしてしまったのだろうかと思いながら職場に通っている人もいるはずだ。色々な状況にうまく対応できず，結局のところ，自分は仕事に向いていないのではないかと思う人もいるだろう。

　しかし，状況が変われば行動は変わる。これが現在のパーソナリティ心理学の一つの着地点である。

　自分が明るい気持ちで仕事に取り組めていたのはそのような状況によって自分の有するパーソナリティ特性が喚起され，組織行動として発現したからである。暗い気持ちになってしまったのは状況が変わり，持ち前のパーソナリティ特性が抑制され，組織行動としてうまく発現していないからである。

　状況の変化によって，以前のような組織行動を今，発揮できなかったとしても，それを過度に一般化して「自分はだめだ」「自分は働くことに向いていない」と思わないことだ。性格を変えずとも，別の「if」では別の行動が発揮されるのである。

　もっと明るく仕事に取り組むように，と上司から指導を受けても，パーソナリティ特性の安定性が高く，個別的状況によってその行動の発現が規定される以上，限界がある。パーソナリティ特性は容易には変えられないため，状況を変えることだ。またはパーソナリティ特性ではなく，状況への認知を新たな気付きや学習によって変えることだ。

　自分の持つパーソナリティ特性にどのような特徴があるのかを考える。それに加えて，自分にどのような「if…then…」プロフィールがあるのかも振り返ることだ。過去の経験をとおして，どのような状況で自分のパーソナリティ特性がうまく発現され，それが自分や他者にどのように受け止められてきたかを考えることが充実したキャリアを送るための大きなヒントになる。

　CAPS理論は上司への示唆もある。暗い気持ちで仕事に取り組んでいる部下に対して，もっと明るく仕事に取り組むように指導しても無意味な場合が少なくない。上司が考えなければならないのは，部下のパーソナリティ特性を批判

して変えることではなく，チームを変える，仕事を変える，新たな先輩をつけるなどの状況を変えて，部下が持つパーソナリティ特性をうまく仕事の状況で喚起して組織行動に導くことだ。

　昨今，社員を取り巻く状況は大きな変化を迎えている。例えば，株式会社東芝はカンパニー制を廃止して分社化する方針を2021年に発表した。日本電気株式会社（NEC）は全社員にジョブ型人事評価制度を適用することを2021年に発表した。ANAホールディングス株式会社はグループ会社間の転籍を可能にする制度導入を2022年に発表した。日本航空株式会社（JAL）がヤマトホールディングスグループなどへの社員の外部出向を検討していることが2020年に報道された。

　個人が直面する仕事の状況が激変する時期を迎えており，働きがいと状況の関わりという論点について深く考える必要性が高まっている。多様な状況と個々人のパーソナリティ特性の最適な組み合わせによる望ましい組織行動の発現はこれまで以上に大きな経営課題になる。

　仕事の状況が激変する中，経営学研究との接続から示唆を得ることもできる。経営学領域で1950年代から盛んに研究されてきた理論に「RJP（Realistic Job Preview）」があり，入職前の段階から仕事についてポジティブな面だけではなく，ネガティブな面も伝えることで入職後のリアリティ・ショックを減らし，離職率低減や職務満足感向上などのアウトカムを目指す取り組みを指す。実証研究の豊富な裏付けがある世界的に知られた理論である。

　RJPはもともと採用管理において確立された理論だが，仕事の状況が変わるタイミングでも同様のことが言えるだろう。新たな仕事の状況（例えば期待成果，人間関係，職場環境）を社員にあらかじめ十分に伝達することは配置転換後のリアリティ・ショックを減らし，離職率低減や職務満足感向上などのアウトカム創出に資するものと思われる。

　逆に，事業環境が激変する中で，会社組織側の都合だけで配置転換を決めてしまい，どのような仕事の状況かが社員にあらかじめ十分伝達されないままに人事異動が繰り返される場合には社員はやる気を失ってしまうかもしれない。

　つまり，社員個々人のパーソナリティ特性は容易には変えられないこと，社員個々人のパーソナリティ特性は状況によってうまく喚起されたり，逆に抑制

されたりすること，という 2 点を前提にした上で，組織や上司が，社員がうま
く輝けるような状況を見極めて人員配置の適材適所を行うこと，状況への認知
を導くための気付きや学習の機会を社員に与えること，状況が激変するときに
はリアリティ・ショックによる心理的ダメージが生じないようにRJPを用いる
こと，が必要である。

3.2. 特性活性化理論

―――――― 本節のテーマ ――――――

「やりたい仕事が見つからない」。このような人がいる。

働く意味が見つからず，心のエンジンが停止したまま体だけ毎朝会社に運ばなければならない日々はとても辛いものだ。

もうこんな毎日を終わりにしたいと思うものの生活があるために仕事を辞めるわけにはいかない。できればもっと自分の良さが活かせるような職場で日々イキイキと働きたい。そんな風に思う人は少なくないのではないか。

そもそも，職場で「自分がイキイキと働いている」と感じるのはどのようなときなのだろうか。

3.2.1. 仕事は3つの状況で構成されている

　自分の良さが活かせる仕事を見極める上で参考になるモデルがある（Tett & Burnett, 2003）（**図表3-7**）。

　このモデルの基礎は「特性活性化理論（trait activation theory）」にあり，1930年代から研究が進められているもので，「状況的なきっかけ（situational cue）」と本人のパーソナリティ特性が適合したときに本人のパーソナリティ特性が喚起されて行動として発現される，というものである。

　「人間－状況論争」以来，パーソナリティ特性と行動にとっての状況の重要性が指摘された。このモデルは個々人のパーソナリティ特性が組織行動および職務成果として発現されやすい状況を詳細に定義した点が特徴的である。

　同モデル内のパス1は，パーソナリティ特性が組織行動に影響し，そして，パーソナリティ特性は組織行動を媒介して，職務成果に影響を与えることを示

図表3-7 パーソナリティ特性が職務成果を生むモデル

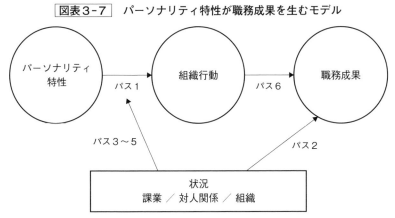

（出所）　Tett & Burnett（2003）をもとに筆者が一部を抜粋して作図

したのがパス6である。

　組織行動のうち「プロアクティブ行動」を例にしよう。プロアクティブ行動とは「自分自身や自分を取り巻く環境に対して影響を与えるような，将来に向けた行動」（Grant & Ashford, 2008）と定義される。

　職場では個人のプロアクティブ行動そのものが職務成果になることはない。プロアクティブ行動によって組織に利益がもたらされたときに職務成果として認められる。それが媒介関係のメカニズムに示されている。

　プロアクティブ行動が高く評価される状況がある。例えば，変革・革新や挑戦が求められるジョブであり，プロアクティブ行動が組織的成果につながったときに職務成果として認められる。

　一方で，プロアクティブ行動が低く評価される状況がある。例えば，定められた業務内容・業務量を着実に処理するようなジョブだ。このようなジョブで「今の業務処理システムには問題が多い。大規模なシステム改修をすべきだ」と声高に叫んでいるうちに目の前の納期がやってきてしまう。そのようなことを言う前にまずやるべきことがあるのだ。

　目の前の納期をないがしろにして，プロアクティブ行動を発揮して，大規模なシステム改修を進めるための完璧な計画を立案し，遠い将来の生産性が大幅に向上することを合理的に示したところで，それは職務成果としては認められ

ない。

　つまり，各職場の状況によって職務成果の認識に差が出ることがモデル内の
パス2に含意されている。

　パス3～5には，3つに細分化された状況がパーソナリティ特性の組織行動
発現にとってのsituational cueになることが示されている。状況を大まかに一
括りにするのではなく，3つの下位状況に分離した点がモデルの特徴だ。3つ
の下位状況とは「課業レベル（task-level）」「対人関係レベル（social-level）」
「組織レベル（organizational-level）」である。

　個々人の有するパーソナリティ特性が仕事の状況で喚起されて組織行動とし
て発現するかどうかは3つの下位状況が個々人のパーソナリティ特性を喚起す
るのか，または抑制するのかによるということだ。自分のパーソナリティ特性
がうまく喚起されるような状況で働く人は組織行動が発現されて，当該組織行
動が高く評価される状況であれば高い職務成果として認識される。一方で，自
分のパーソナリティ特性が抑制されるような状況で働く人は組織行動が発現さ
れにくく，いわば自分を押し殺して働かざるを得なくなる。心のエンジンが停
止したまま，毎朝体だけを職場に運ぶような辛い日々を送ることになる。

　以下の項では，課業，対人関係，組織の3つの仕事の状況をそれぞれ詳説し
ていこう。

3.2.2. | 性格によって輝ける仕事と輝けない仕事がある

　課業とは個々の仕事を指す。ジョブ（またはジョブカテゴリ）と言ってもよ
い。個々人のパーソナリティ特性が喚起または抑制される課業の状況とはどの
ようなものだろうか。

　図表3-7内の課業レベルはHolland（1985）のRIASECモデルを理論的基盤
にする（DeFruyt & Mervielde, 1999）。世界的に有名な心理学モデルである
RIASECモデルとは課業を「R：現実的（技術職やルーティンワークなど）」
「Ⅰ：研究的（研究職や分析的な仕事など）」「A：芸術的（創造的な仕事など）」
「S：社会的（人との折衝を行う仕事など）」「E：企業的（成果を求められる
仕事，リーダーの仕事など）」「C：慣習的（データ処理のように細かい仕事な
ど）」に分けたものである。職業興味検査で用いられることが多いモデルだが，

図表3-8　　課業状況による影響

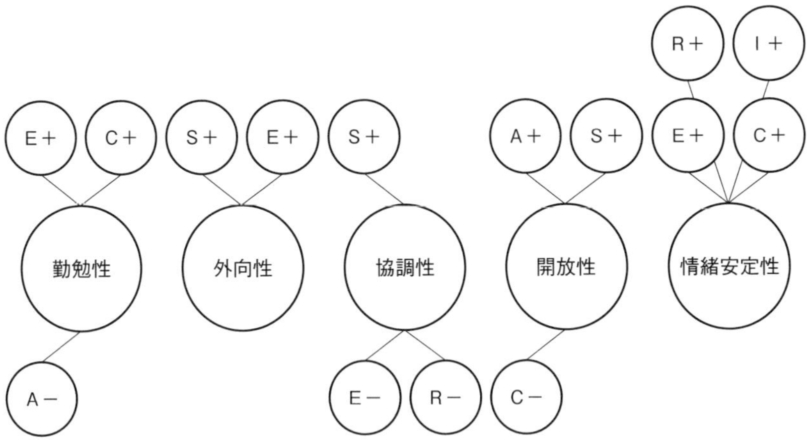

（出所）　Tett & Burnett（2003）をもとに筆者作図

図表3-7では課業レベルの状況変数として用いられている。

　図表3-7のモデルでは，これらの6つの課業状況がビッグファイブの各パーソナリティ特性の組織行動発現に与える影響について**図表3-8**のとおりに定められた。

　勤勉性が高い人は，E（企業的）およびC（慣習的）の課業状況でパーソナリティ特性が喚起されて組織行動の発現につながることが示された。勤勉性の高い人は目標を定めて地道に取り組み，ミスがないように徹底するため，着実な目標達成が求められる企業的な仕事やデータ処理のような細かく，ミスが許容されない仕事でその特性を発揮しやすいということだろう。

　一方で，A（芸術的）の課業状況では当該パーソナリティ特性は喚起されず，抑制されることが示された。勤勉性の高い人の地道さや真面目さは創造性が強く求められる仕事ではうまく組織行動として発現されないということだ。

　外向性が高い人は，S（社会的）およびE（企業的）の課業状況でパーソナリティ特性が喚起されて組織行動の発現につながることが示された。外向性の高い人は外界・他者へのエネルギーが高く，他者との関わりを積極的に持つため，社会的な仕事や多くの部下と関わるリーダーとしての仕事でその特性を発揮しやすいということだろう。

　協調性が高い人は，S（社会的）の課業状況でパーソナリティ特性が喚起されて組織行動の発現につながることが示された。協調性の高い人は他者の受容性が高いため，人間関係構築が求められる仕事でその特性を発揮しやすいということだろう。

　一方で，E（企業的）およびR（現実的）の課業状況では当該パーソナリティ特性は喚起されず，抑制されることが示された。成果が厳しく求められるリーダーとしての仕事や専門的技術知識に基づく仕事では他者の意見を受容して協調するだけではうまくいかないため，協調性が組織行動の発現につながりにくいということだろう。

　開放性が高い人は，A（芸術的）およびS（社会的）の課業状況でパーソナリティ特性が喚起されて組織行動の発現につながることが示された。開放性の高い人は最新の情報の学習意欲が旺盛で，様々な人との情報交換を積極的に行うため，創造的な仕事や他者と関わる仕事でその特性を発揮しやすいということだろう。

　一方で，C（慣習的）の課業状況では当該パーソナリティ特性は喚起されず，抑制されることが示された。データ処理などの細かい仕事は，じっとしていられない開放性の高い人には辛いため，開放性が組織行動の発現につながりにくいということだろう。

　情緒安定性が高い人は，多くの課業状況でパーソナリティ特性が喚起されて組織行動の発現につながることが示された。多くの仕事において気分が安定していることが基礎として必要ということだろう。

　以上の結果から言えることは，そもそも自分のパーソナリティ特性を理解していない場合にはどのような仕事に就けば良いのかがわからないということだ。

　加えて，部下・メンバーのパーソナリティ特性をよく理解していない場合にはどのように配置配属を考えればよいのかがわからないということだ。

　大学生や社会人の求職活動では「業界研究・職種研究」ばかりが先行してしまい，「自己分析」は確固たる枠組みがないままに単にこれまでの思い出を振り返ったり，職場との関係性が定かではない心理学的検査が用いられたりすることが少なくない。すなわち，「課業」ばかりに関心を持ち，就職サイトに載っている仕事内容や給与などの労働条件を延々と見つめるのではなく，本来

は確かな枠組みに基づいて自己のパーソナリティ特性を見つめるところから始めなければならない。

「やりたい仕事が見つからない」「仕事のやりがいがない」と嘆く人は自己の内面に問題があるわけでもなく，職場の課業に問題があるわけでもない。相互作用としてのパーソナリティ特性と課業の組み合わせに問題があるのかもしれない。やりたい仕事を見つけられない自分ややりがいのない仕事をやみくもに批判するのではなく，モデルに則った検討が求められる。

また，上司や経営層は，社員個々人のスキルや業務経験に関するデータを蓄積した「タレントマネジメントシステム」を用いるにあたってパーソナリティ特性も測定・管理することが求められる。現状の日本企業のタレントマネジメントはスキルや業務経験に偏重しており，パーソナリティ特性にはほとんど目が向けられていない。

パーソナリティ特性がタレントマネジメントシステムに登録されている場合であっても，理論的枠組み，信頼性，妥当性がいずれも不確かなままで実装・運用されている例も見かける。社員個々人のパーソナリティ特性を確固たる知見に基づいて測定して管理し，そのデータを人材の最適配置につなげることでそれぞれの状況で組織行動がうまく発現し，高い職務成果が生み出され，その総和が企業業績の向上になる。

3.2.3. 個の良さが活きるチーム状況を性格で考える

産業組織において個人は課業のみと向き合うのではなく，チームの一員としてチームメンバーとの関わりの中で仕事を進める。仕事の状況が，生徒個々の学力向上や患者個々の精神疾患の治癒を目的とする教育・臨床状況と大きく異なるのはこのチーム性にある。

チームメンバーがお互いにいがみ合い，蔑んでいるような状況では個人のパーソナリティ特性と課業状況がいかに適合していてもイキイキと働くことはできない。そのような状況では個人は持ち前のパーソナリティ特性を発揮することをやめて，組織行動を抑制することもある。

職場では，例えば，もともと協調性が高く，社会的な課業状況で組織行動を本来発揮できる人であっても，所属するチーム内で対人関係のトラブルが絶え

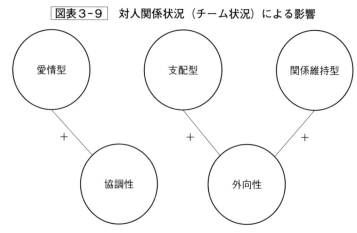

（出所）　Tett & Burnett（2003）をもとに筆者作図

ず，お互いに批判し合っているような状況では「ここで何をやっても無駄だ」と考えるようになる。その結果，チームから心理的に離脱し，あえて自分で自分の組織行動にストッパーをかけることがある。

　このような観点を扱うのが図表3-7内の「対人関係レベル」であり，状況としてパーソナリティ特性の組織行動としての発現に影響を与える。

　同モデルにおける対人関係レベルはFIRO-Bモデル（Schutz, 1958）などによって構成される。同モデルでは，対人関係状況がビッグファイブの組織行動発現に与える影響について**図表3-9**のとおりに定められた。

　FIRO-Bは，自分が他者にしたいことと他者からされたいことという両面から，対人関係を「愛情型」「支配型」「関係維持型」の3つに分離する。愛情型は，他者を好きである（または他者から好かれる），支配型は，他者を支配する（または他者から支配される），関係維持型は，他者との良好な関係を維持する（または他者から良好な関係維持を求められる）という構造で対人関係を捉える。

　図表3-9のとおり，愛情型の対人関係に価値を置くチーム状況では協調性のパーソナリティ特性が喚起されて組織行動の発現につながることが示された。協調的な人は支配型や関係維持型ではなく，愛情型のチームに属すると自分の特性が発揮されやすいということだ。

　支配型の対人関係に価値を置くチーム状況では外向性のパーソナリティ特性が喚起されて組織行動の発現につながることが示された。上司・部下や先輩・後輩などの上下関係に厳しい支配性の強いチームであっても積極的に他者に関わっていく外向性の高い人はうまく関係に馴染んで働けるものと解釈される。外向性と異なり，協調性は積極的に他者に関わっていくというよりは他者を受動的に受け容れる特性を指すため，外向性と協調性の間で結果に差が出たのだろう。また，外向性は関係維持型のチーム状況とも正の関係を示した。

　勤勉性・開放性・情緒安定性はいずれのチーム状況とも関係を示さなかった。例えば勤勉性の高い人はチームの対人関係がどのような状況にあっても，それとは関わりなく企業的課業や慣習的課業に前向きに取り組めるということだ。

　つまり，チームの対人関係状況に影響されやすい人と影響されにくい人がいる。その違いは，パーソナリティ特性の個人差にあり，その個人差をビッグファイブの理論的枠組みで明確に検討可能だということだ。企業経営や人事施策の実践にとってこの知見の意義は大きいだろう。

　職場では所属するチームが変わると，まるで人が変わったようにパフォーマンスが上がったり下がったりする人がいる。このような人はこれまでは「調子の波が大きい人」「人の好き嫌いが激しい人」「扱いにくい人」などと揶揄されてしまっていた。

　しかし，チーム状況と個人の関係性を上述のように捉えると，この人自身に問題があるわけではない，という見方も出てくる。個人のパーソナリティ特性とチーム内の対人関係上の価値基準の適合がなされていなければ，本来活躍できたはずの人でも活躍できなくなってしまうことがあるからだ。その場合，問題は人員配置を行う組織側にある。

　どんなチームであっても活躍できる人が欲しい。しかし，それは理想論だ。ほとんどの人は合うチーム状況と合わないチーム状況がある。「個を活かす職場」という曖昧な言葉に基づくスローガンを打ち立てるだけではなく，どのような個人がどのようなチーム状況で活きるのか，逆に，どのようなチーム状況で潰れるのかを知ることがまず必要だ。

3.2.4. 組織のビジョンを伝えても 響く人と響かない人がいる

　産業組織において個人は課業やチームとともに，組織全体の方向性の中で仕事を進める。組織全体の方向性と個人の方向性が全く異なるような状況では個人のパーソナリティ特性と課業状況や対人関係状況がどれだけ適合しても，最大限にうまく働くことはできない。

　例えば，職場には自分が担当する課業に前向きに取り組むことができていて，所属する身近なチームメンバーとの人間関係が良好であっても，組織全体の方向性と異なることで徐々にやる気を失い，組織行動をあえて抑制してしまう人がいる。仕事とチームは好きだが，組織全体の方針に大きな不満を持つような人だ。こういう人は組織全体の課題解決に取り組まず，限られた範囲内で自分の仕事を淡々とこなすようになり，身近な人とだけ仲良くするようになる。

　このような観点を扱うのが図表3-7内の「組織レベル」であり，組織状況としてパーソナリティ特性の組織行動発現に影響を与える。同モデルにおける組織レベルはOCP（Organizational Culture Profile）理論（Judge & Cable, 1997）などによって構成される。モデルでは，組織状況がビッグファイブの組織行動発現に与える影響について**図表3-10**のとおりに定められた。

　OCPは，組織風土に着目して組織を8つに分類したモデルである。リスクを積極的にとることを重視する「革新型」，正確性を重視する「分析型」，目標達成を重視する「成果型」，競争に勝利することを重視する「攻撃型」，情報共有やお互いを認め合うことを重視する「支援型」，プロとしての成長や高い給与を重視する「報酬型」，コラボレーションを重視する「チーム型」，不確実性を極力排除した経営を行うことを重視する「経営管理型」である。

　図表3-10のとおり，勤勉性のパーソナリティ特性の高い人は分析型および成果型の組織状況でパーソナリティ特性が喚起されて組織行動の発現につながることが示された。真面目でミスがないように徹底する人は正確性を重視する組織でうまく働き，また，目標に地道に取り組める人は目標達成を重視する組織でうまく働くことができるということだ。そのほかの関係性は図表3-10に示されたとおりである。

図表3-10　組織状況による影響

組織レベル

	革新型	分析型	成果型	攻撃型	支援型	報酬型	チーム型	経営管理型
勤勉性		↑	↑					
外向性			↑	↑			↑	
協調性					↑		↑	
開放性	↑							
情緒安定性								↑

（出所）　Tett & Burnett（2003）をもとに筆者作表

　昨今，日本企業で「エンゲージメント・サーベイ」の導入が進んでいる。サーベイを実施した結果，社員がイキイキと働けていないという結果がしばしば報告される。そのとき「企業ビジョンが浸透していないのが当社の問題だ」と考え，会社の進む方向性をしっかりと伝達することで社員の理解や士気が高まり，エンゲージメントが向上することを期待することがある。

　しかし，ことはそう単純ではない。会社の方向性をどれだけ伝達しても，それによってパーソナリティ特性が喚起されず，組織行動が生まれない個人がいることを上述した組織状況は示している。ある特定の組織状況によって全ての社員のパーソナリティ特性が喚起され，組織行動の発現と職務成果の創出につながるというのはあまりにも社員を画一的・一律的に捉えた思想だ。

　組織と個人のパーソナリティ特性の関係性を示した研究にGruman & Saks（2011）がある。同研究は端的に「Does one size fit all?」という課題を提示した。すなわち，個人が組織に馴染む方法は全員画一的なものではなく，個々人が有するパーソナリティ特性の差異によって組織への馴染み方が異なることを実証的に報告した。

　よって，社員個々人のパーソナリティ特性のデータが不足したままの組織エンゲージメント向上には限界があるということだ。社員のパーソナリティ特性を確固たる理論的枠組みで測定・理解できておらず，職場を取り巻く様々なレ

ベルの状況と個人の関わりについての知見が大きく不足している日本企業では，組織エンゲージメント向上のための材料が大きく不足している。

3.2.5. | 個が活きる仕事場はこう創る

　これまでに述べた3つの状況の重要性が理解されたとしても，実務的に課業，対人関係，組織を簡単に変えられない，ということもあるだろう。では，何から始めたらよいのだろうか。

　筆者が経営アドバイザーとして参画した航空関連企業では社員とチームの適合を見直すことで大きな成果を創出した。

　この企業ではチームを単位として組織が構成され，各空港に複数のチームが存在して飛行機運航に関わる技術的な業務を行っていた。チームは複数の社員で構成されて，チーム長以下，中堅社員および新入社員を含む若手社員が含まれた。若手社員の人材育成は主に現場でのOJTによってなされ，技術的スキルが教育され，中堅社員がその指導にあたっていた。

　同じチームの中には様々なパーソナリティ特性を持つ社員が含まれていた。対人関係も愛情型，支配型，関係維持型とチームによって重視することが様々だった。多様な先輩社員とチームの中で，若手社員がどのチームに配置されれば最も育成が進み，イキイキと働けるのかを検討する，というのが筆者に任されたプロジェクトの命題だった。

　まず，若手社員全員および若手社員のOJT指導を行うチーム長以下の社員全員のパーソナリティ特性を測定した。次に，各チームの対人関係における価値基準も測定した。その上で，若手社員がどのチーム長や中堅社員の下で働けば，最も持ち前のパーソナリティ特性が喚起されて組織行動として発現されるのかについてAI（人工知能）の技術を用いて社員間の全ての組み合わせを網羅的・包括的にシミュレーションした。

　シミュレーションの結果，現在配置されているチームとの適合が良い若手社員もいたが，適合が良くない若手社員も多く見られた。特に適合の良くなかった若手社員についてはシミュレーション結果に基づいてチームを異動した。

　その結果，取り組み前後を比較して，業務に起因したメンタル問題による若手社員の休職・離職者数を約50％削減することに成功した。

　これまで若手社員がチーム内でOJT指導を受ける中でどうしても合わない中堅社員がいて，そこでの精神的ストレスの蓄積が休職や離職につながった例が少なくなかったが，シミュレーションに基づくチーム異動の結果，そういった若手社員が大幅に減った。社員個々人のパーソナリティ特性を理解し，チーム状況を見直すことで休職や退職に至るほどに日々のチームでの仕事が辛かった若手社員でも，課業状況と組織状況を変更することなく，望ましい組織行動が発現し，イキイキと働くというアウトカムを生み出すことができた点は注目に値するだろう。

　日本企業でも，昨今は社内を人材流動市場として捉えた上で「自己申告制度」や「社内公募制度」などを広く導入している（今野・佐藤，2020）。すなわち自らが望む課業，対人関係，組織の各状況への変更が可能になってきている。

　経営学研究ではP－E Fit（Person-Environment Fit），P－J Fit（Person-Job Fit），P－O Fit（Person-Organization Fit）という，個人と環境・ジョブ・組織の適合の必要性が古くから叫ばれてきたが，その適合におけるパーソナリティ特性の役割は，特にわが国ではほぼ実証・報告されずにきた。そのため，パーソナリティ特性によって適合を検討するという視角自体が残念ながらわが国では馴染みのないものになってしまっており，今後の研究蓄積が強く望まれる。

　商用的なマッチングツールはわが国にも存在するが，利用する企業や個人にパーソナリティ特性が喚起されるメカニズムについての知見が備わっていなければ，課業，チーム，組織の選択という重要な意思決定を下すことはできない。

3.3. 仕事の失敗とレジリエンス

---本節のテーマ---

　「ほかの人は成功しているのに自分は失敗ばかりで惨めだ」「自分だけが
うまくいかなくて落ち込んでしまう。どうせ働くことに向いていないの
だったら，もう働くことをやめてしまいたい」…。そんな人がいる。

　成功している人は輝かしく見える。他方，自分は思うように成果をあげ
られず，だんだん職場の人から見放されているような気がする。そんな落
ち込んだ気持ちになったことがある人は少なくないだろう。

　この落ち込みから回復できる人と回復できない人がいる。落ち込みから
回復できる人は失敗を糧にしてどん底から這い上がり元気に働いている。
落ち込みから回復できない人は失敗をいつまでも引きずっている。

　この違いは何によって生まれるのだろうか。そして，今から回復する術
を身につけることはできるのだろうか。

3.3.1. 良好ではない家庭環境からでも成熟した大人になれる

　世界的に知られている心理学研究の1つに米国ハワイで行われた大規模な縦
断研究（Werner, 1989；Werner & Smith, 1992など）がある。出生から青年
期まで数百名以上を追跡調査した研究である。

　追跡調査の結果，良好ではない家庭環境にあっても，優秀で，他者を気遣え
る，成熟した大人に成長する者が見られた。その要因分析の結果，ストレスフ
ルな環境下における心の回復機能である「レジリエンス」が重要であることが
報告され，世界的注目を集めた。

　レジリエンス研究の系譜は虐待，貧困，良好ではない家庭環境（Fergusson

図表3-11　レジリエンスの下位因子と外部変数との関係

	楽観性 (Optimism) α = .82	未来志向 Future Orientation α = .70	他者への信頼 (Belief in Others) α = .66	独立心 (Independence) α = .66
GPA	.17*	.10	.19*	.07
言語能力テスト	.04	.07	.25*	.07
数学能力テスト	.10	.17*	.26*	.07

*p<.05
（出所）　Jew *et al.*（1999）をもとに筆者作図

& Lynskey, 1996）など，人生に大きな影響を与えるような激しいストレス状況によって精神的不健康に陥った者がどのように回復したのかを追求する研究から始まり，日常的に経験するような心の傷つきからの回復にまでその後の射程を拡げて研究が構成されてきたことにある。これまで主には心理学領域における子どもの発達研究や臨床研究などがなされてきた。

　レジリエンスは多様な観点から研究がなされてきたため，その内容が一意に定義づけられているわけではないが，概ね虐待，酷使，冷遇といったストレスフルな環境を生き抜くための心理的特徴がレジリエンスであるとされる（Jew, Green, & Kroger, 1999）。レジリエンスの下位概念を明らかにした研究も報告されており，「楽観性」「未来志向」「他者への信頼」「独立心」という4因子構造が示された（Jew *et al.*, 1999）（**図表3-11**）。

　レジリエンスの下位因子の一部と学生のGPA（Grade Point Average：学業成績平均値），言語能力テストの成績，数学能力テストの成績は有意な正の相関係数を示した。つまり，レジリエンスが高いほど全体的に学力が高いことが示された。

　「楽観性」とGPA，「未来志向」と数学能力テストに正の有意な相関係数が見られたことから問題を解けなくても，そこで落ち込んで投げ出さずにいつかはわかる日がくると考えるような姿勢がそれらの学力と関係があると推察され

る。「他者への信頼」とGPA，言語能力テストの成績，数学能力テストの成績に正の有意な相関係数が見られた。勉強が進まず，行き詰って気分が落ち込んだときでも先生や友達などの他者からのアドバイスを求め，問題の解き方を理解するような姿勢が背景にあるものと推察される。

3.3.2. 社会人でも教育訓練によってレジリエンスを高められる

　経営学領域の研究はコンピテンシーや行動評価制度などに代表されるように組織行動，すなわち行動的側面に着目することが多い。そのため，レジリエンスのような心理的側面についてはようやく最近になって聞かれるようになったという程度だろう。また，日本企業のビジネス現場においてはレジリエンスの概念理解が十分に進んでおらず，誤解も多い。

　レジリエンス研究の系譜においてはレジリエンスを「能力」とする立場と「パーソナリティ特性」とする立場があり，現在は併存していると捉えるのが妥当だ。

　このうち，上昇的変化を期待しやすい能力という面に着目すれば，レジリエンスは職場の教育訓練などによって高められると考えられるし，安定性が高く容易に変化しにくいパーソナリティ特性という面に着目すれば，レジリエンスに職場の教育訓練による効果は期待しにくいと考えられる。すなわち，仕事の状況でレジリエンスについて考えるときはどの面に着目するかを明らかにすることが本来必要だ（**図表3-12**）。

　職場ではしばしばレジリエンスの低い人を見かける。上司から注意され，それをいつまでも引きずってしまい，落ち込んだままの状態が数日・数週間と続いて仕事に身が入らないような人である。このような人のレジリエンスは教育訓練によって高まるのだろうか。逆に，どのようなレジリエンスは生まれながらのもの（生得的なもの）であり，今からは高められないのだろうか。

　仕事の状況を対象にしたレジリエンス研究は国内外をとおしてまだまだ少ないが，限られた研究をまとめてレビューしたものにRobertson, Cooper, Sarkar, & Curran（2015）がある。1989年から2014年までの間に米国，イギリス，オーストラリア，スウェーデンの職場で実施された教育訓練が従業員のレジリエン

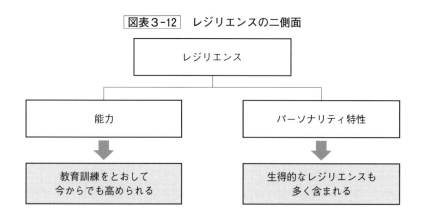

図表3-12　レジリエンスの二側面

図表3-13　教育訓練によるレジリエンスの変化

	報告年	対象者	教育訓練の効果
上級管理職	2009年	41名 平均年齢50歳	統計的有意に上昇
中間管理職	2013年	12名 35歳〜64歳	統計的有意に上昇
専門職	2014年	35名 平均年齢41歳	統計的非有意
公務員	2003年	150名 20歳代	統計的非有意

軍隊を対象にした研究は除いた。
（出所）Robertson *et al.*（2015）をもとに筆者作表

スに与えた影響に関する研究をレビューしたものである。
　従業員への教育訓練は，レジリエンスの高い人が持つ"資源"を習得してレジリエンスを高めるためのものであり，PRP（Penn Resiliency Program；ペンシルバニア大学で開発されたレジリエンストレーニングプログラム）のほか，コーチングプログラム，マインドフルネスをベースとしたプログラム，ストレス対処に関するプログラムなどが含まれた。教育訓練の提供方法は1対1やグループでの対面形式に加えてオンラインによるものも含まれた。
　同研究によって報告された主な結果を**図表3-13**に示した。

　同図表のうち，上級管理職を扱った研究（Grant, Curtayne, & Burton, 2009）では認知行動療法に基づく10週間以上にわたる個人コーチングなどが教育訓練の内容に含まれた。その結果，レジリエンスが高まってストレスや気分の落ち込みが減ったことが定量的に報告された。

　中間管理職を扱った研究においても教育訓練によってレジリエンスが高められることが示された。いずれも成人後，しかもミドル期またはそれ以降の年代であっても教育訓練によるレジリエンスの上昇的変化が確認された点は注目に値する。

　ただし，統計的に効果が見られなかった研究もあり，留意しなければならない。レジリエンスはどのような教育訓練であっても，またはどのような年代であっても教育訓練しさえすれば高まるものではないということだ。

　レジリエンスが職場における職務満足感や仕事のパフォーマンスに影響を与えるメカニズムはAthota, Budhwar, & Malik（2020）に詳しい。同研究ではビッグファイブの外向性などがレジリエンスに正の影響を与えて，レジリエンスを媒介して仕事のパフォーマンスに正の影響を与え，さらに高い仕事のパフォーマンスが職務満足感に正の影響を与えることが示された。

　ときとして辛いことが起こる仕事の状況では，単に外向性が高いだけではなく，辛いことに伴う心の落ち込みから回復するレジリエンスが備わっていなければ仕事のパフォーマンスや職務満足感につながらないということだ。

3.3.3. | 生まれながらに持つ資質的レジリエンスがある

　図表3-13ではレジリエンスが変化しなかった例（専門職，公務員）も報告された。別の研究でもレジリエンスに関する教育訓練の効果の無さを報告するものがあり，営業管理職を対象にしたレジリエンス研修をオンライン形式で行ったところ，気分の落ち込みを抑制することや仕事のパフォーマンスを高めることに有意な教育効果は認められなかった（Abbott, Klein, Hamilton, & Rosenthal, 2009）。オンライン研修が普及する昨今の企業内人材育成への示唆が得られる研究である。

　では，高められるレジリエンスと高められないレジリエンスはそれぞれどのようなものなのだろうか。

　この論点については今日においてもまだ明確な着地点があるわけではなく，特に仕事の状況においては検討の余地が多く残されているが，示唆に富むわが国の代表的研究例に平野（2010，2011，2012）による一連の研究がある。仕事の状況を扱ったものではないが，双生児法という双子を用いた研究によってレジリエンスについて何が生まれながらの資質なのか，その逆に，何が後天的に獲得可能なのかという論点に説得力のあるモデルを提示している。

　平野（2010）は実証分析をとおして，レジリエンスには「資質的レジリエンス要因」と「獲得的レジリエンス要因」の二要因が存在することを明らかにした。資質的レジリエンス要因とは生まれながらの資質に起因するもので大人になってから身につけることが難しいものである。獲得的レジリエンス要因とは後から獲得することができやすいものである（図表3-14）。

　図表3-14に示されたとおり，資質的レジリエンス要因は4因子構造だった。

　各因子の項目例は，楽観性因子で「困難な出来事が起きても，どうにか切り抜けることができると思う」，統御力因子で「つらいことでも我慢できる方だ」，社交性因子で「交友関係が広く，社交的である」，行動力因子で「努力することを大事にする方だ」である。

　この構造には仕事の状況への示唆が多く含まれている。例えば，楽観性因子

図表3-14　レジリエンスの二次元構造

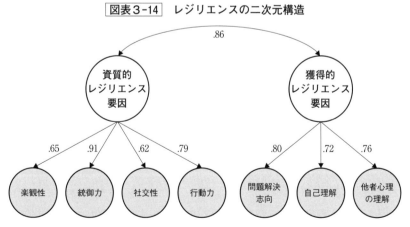

GFI＝.919，AGFI＝.897，RMSEA＝.061
誤差変数と質問項目（観測変数）は省略した。
（出所）　平野（2010）の共分散構造分析による高次因子分析結果をもとに筆者作図

に関連して，仕事で困難な出来事が起きたときに「もうだめだ」と，どうしても悲観的になってしまう人がいる。物事を悪く考えてしまいがちな人である。また，悲観的な面ばかりに気を取られて前向きにチャレンジできない人もいる。このような楽観性に欠ける人に対して職場で教育訓練を行っても，楽観性は資質的レジリエンス要因のため，高まりにくいと思われる。

　また，辛い仕事からすぐに逃げだす人がいる。チームの皆が多忙を極めているときに周囲の迷惑を考えずにいきなり仕事を放棄するような人である。このような統御力の欠ける人に対して職場で教育訓練を行っても統御力は高まりにくいものと推察される。

　社交性や行動力についても同様に教育訓練による後天的獲得は見込みにくい。

3.3.4. レジリエンスを高めながら働く方法がある

　図表3-14に示されたとおり，獲得的レジリエンス要因は3因子構造だった。

　各因子の項目例は，問題解決志向因子で「嫌な出来事があったとき，その問題を解決するために情報を集める」，自己理解因子で「自分の性格についてよく理解している」，他者心理の理解因子で「他人の考え方を理解するのが比較的得意だ」である。

　問題解決志向因子については，問題が発生したとき，その問題によって気分が落ち込んだとしても，その問題を解決するための情報収集をすることで徐々に落ち込みから回復できるようになるということだ。このために上司による指導や教育訓練を活用することもできるだろう。

　問題解決志向因子は職場における「情報探索行動」の概念から理論的に解釈することもできるだろう。情報探索行動は経営学領域で有名な「プロアクティブ行動」の下位概念の一つである（Ashford & Black, 1996）。プロアクティブ行動とは「自分自身や自分を取り巻く環境に対して影響を与えるような，将来に向けた行動」（Grant & Ashford, 2008）と先述のとおり定義され，その下位概念として情報探索行動などがある。プロアクティブ行動は職務満足感や仕事のパフォーマンスと関係することが知られている（例えばMorrison, 1993）。

　プロアクティブ行動の理論的源流は意外に知られていないがもともとはパーソナリティ特性としての個人のプロアクティビティ（proactivity）にある。

1960年代のパーソナリティ研究においてproactive personalityが論じられ始めたことを源流として，1990年前後に組織における行動概念として着目され，体系化されたのがプロアクティブ行動である（星，2016）。

　情報探索を含むプロアクティブ行動をとるように心がけることは誰にでもできる。問題が発生したときに，上司や先輩から情報を積極的に集めようと心がければよい。それによって問題解決志向が高まり，レジリエンスが高まって気分の落ち込みから回復できるようになるということだ。

　また，自分と他者の性格をよく理解するためにパーソナリティ特性理論を学ぶことによって自己理解因子および他者心理の理解因子を高め，レジリエンスを獲得することも検討できる。職場で他者が何を大事にして行動しているのかを理解するためにはパーソナリティ特性理論だけでなく組織行動論を学ぶことも有効だろう。

　仕事が失敗続きで自分が惨めに思えて，もう働くことをやめたいと思う人はもしかしたら今からでも高められる問題解決志向力を高めようとしていないだけではないだろうか。自分と他人を理解する力は今からでも高めることができるのに投げ出してしまっている人ではないか。これらを思い返して明日から少しでも動いてみることで道が開けて，これまでの職場とは違った景色が少しずつ見え始めるかもしれない。

　上司にとっても示唆深い。昨今，企業で導入が進んでいる「1 on 1 ミーティング」によって上司が部下の問題解決志向を高め，自己理解や他者心理の理解を支援することで部下のレジリエンスを高めることも検討できる。「落ち込みから回復しづらい部下に対して指導しても効果がない。何を言っても無駄だ」と部下を見切ってしまっている上司にとってもレジリエンス研究は部下に対する指導方法を考える上での重要な参照点になる。

　部下が戦力となって組織に貢献できる可能性が実はあるのに，上司がその可能性をレジリエンスについての知識不足によって捨ててしまうのはもったいない。部下としてもそのような上司に貴重な職業人生の一部を託したいとは思わない。

　以上をまとめて，獲得的レジリエンスを職場で獲得し，心の落ち込みから立ち直って仕事に向き合うための方略を**図表3-15**に示した。

図表3-15　獲得的レジリエンスを職場で高めるには

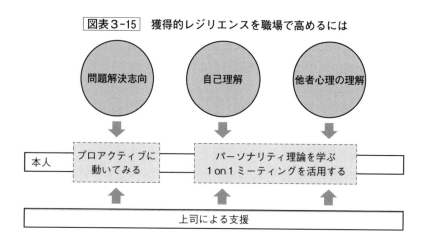

第 **4** 章

性格と企業内人材育成

4.1.　心理的安全性と性格

—— 本節のテーマ ——

　品質不正などの組織的隠蔽が起こった場合，これまでの経営管理では不正を正すためのBPR（Business Process Reengineering：業務プロセス改革），組織改編，人事制度改革などの「仕組み・制度」を見直すことが主だった。しかし，近年は従業員心理や組織風土に着目する傾向が際立って強くなってきている。

　その代表例に本書で既に述べた「心理的安全性」があり，導入企業が国内外で急増し，大手企業では常識的な取り組みになりつつある。ただし，その導入効果が思うように得られていないという企業も実は少なくない。

　何が取り組みに欠けているのだろうか。何に気を付ければチームの心理的安全性が真に高まり，働きやすいチームになるのだろうか。

4.1.1.　心理的安全性とは何か

　心理的安全性を最初に提唱したハーバード大学のAmy Edmondsonは，チームにおける心理的安全性を「対人関係においてリスクのある言動をとってもお互いに安全であるという信念を持ち，それがチームメンバー間で共有された状態」と定義した（Edmondson, 1999）。

　EdmondsonがTEDで行った心理的安全性についての講演は100万回再生を超える世界的に有名な動画になっている。動画内では組織に新しく参画した，ある経営層が経営会議において問題があると思った案件であっても，その会議メンバー間で心理的安全性がなかったために問題を指摘できなかった実例などが解説され，心理的安全性の必要性が生々しく語られている。

　新参者が経営会議で問題を指摘すると他の経営層から「新入りなのに何を

図表4-1　Googleのチーム作りと心理的安全性

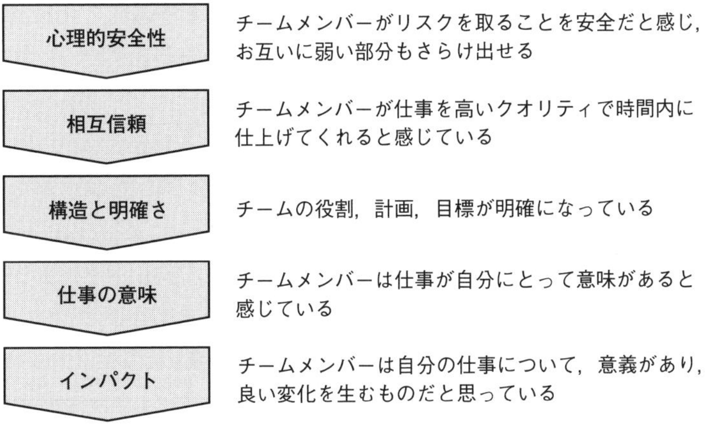

心理的安全性 — チームメンバーがリスクを取ることを安全だと感じ、お互いに弱い部分もさらけ出せる

相互信頼 — チームメンバーが仕事を高いクオリティで時間内に仕上げてくれると感じている

構造と明確さ — チームの役割、計画、目標が明確になっている

仕事の意味 — チームメンバーは仕事が自分にとって意味があると感じている

インパクト — チームメンバーは自分の仕事について、意義があり、良い変化を生むものだと思っている

（出所）　Googleウェブサイトを参考に筆者作図

言っているんだ」「何も知らない人が無知を披露しているだけだ」などの批判を受ける可能性がある。心理的安全性の低いチームでは批判されることや自分が無知だと思われることを強く恐れてしまう結果、多様な意見やアイデアが出にくくなってしまう。各々の持つ経験や知識がいかに優れていても、それがチーム内で活かされなければ質の良い意思決定はなされない。そこで心理的安全性を築くことがチームに必要とされる。

　心理的安全性を実践した企業例として有名なのはGoogleである。Googleは自社内のチームを調査して、心理的安全性の高いチームのメンバーは離職率が低く、収益性が高く、効果的に働くことを明らかにした。そのような実証結果をもとにして、同社では心理的安全性をチーム作りのための最重要テーマとして最初のプロセスに設けている（**図表4-1**）。

4.1.2. 心理的安全性をチームメンバーへの中長期的な攻撃材料にする人がいる

　ただし、職場には色々な人がいて、なかには心理的安全性ですら自己利益獲得の道具にする人もいる。

　筆者が行った調査によると、心理的安全性の高いチームであっても一定の割

合でダーク・トライアドのパーソナリティ特性が高い人々が存在した。その後の追跡調査で，マキャベリアニズムの高い人の一部はチーム内の同僚がさらけ出した弱みを，その後数カ月〜数年間で，その同僚を蹴落とすための材料として用いていたことが明らかになった。

　具体的には，チーム内の心理的安全性が高いと思って他のメンバーがさらけ出した過去の業務失敗経験や苦手とする業務分野などの発言をマキャベリアンの社員が覚えており，その後，そのメンバーとマキャベリアンの社員が別のチームに配置されたときに，そのメンバーがいるチームに仕事を任せることがいかにリスクがあるか，そして，自分のチームに仕事を任せることでいかに確実な成果をあげられるかを社内でアピールしたのである。

　このマキャベリアンの社員は，そのメンバーと同じチームに所属していたときはチームの心理的安全性が高いことに居心地の良さを感じつつも警戒していた。つまり，自分の失敗経験や弱点をここでさらけ出すことで後々になって自分が他者から攻撃されて組織内でのポジションが脅かされるときがくるのではないかと感じていたのである。そこで，警戒をしていることをなるべく周囲から悟られないように，かつチームの中で心理的安全性を阻害する人として要注意人物にならないようにそのチームでは動いていた。

　また，自己愛の強いナルシシストの社員は，尊大な自己評価と特権意識を組織内の高いポジションとして具現化するために，他者を蹴落とす材料としてチーム内でさらけ出された上司の弱点を昇進レースで使った。上司の能力の低さをアピールして，自分がいかにそれをカバーできるのか，それによって組織にどれだけ良い効果をもたらすことができるのかを経営層にアピールした。

　これらのマキャベリアンとナルシシストはメンバーや上司の弱点を単に暴露するだけでは自分に批判の目が向いてしまうと考えて入念な根回しをしていた。つまり「心理的安全性を使って他者への攻撃材料を蓄えることは心理的安全性の趣旨とは違う」という批判が自分に向けられないように組織内で狡猾に動いていた。

　仕事の状況はチーム構成員が協力して経営成果をあげると同時に，構成員間の競争の場でもあるという二面性を持っている。競争の結果，認められた者が上位役職に就いて多くの報酬と権限を得る。競争に勝利することを非常に重視

図表4-2 マキャベリアン・ナルシシストにとっての心理的安全性

マキャベリアン

- 自己利益を最大化
- 目的達成のためには手段を選ばず，道徳心が低い
- 他者を操る
- 他者を信頼しない

ナルシシスト

- 過度な自己愛
- 他者よりも自分が中心
- 特権意識が高い

自己の出世と特権獲得のために，心理的安全性をもとにさらけ出された他者の弱点を道具にする

するマキャベリアンやナルシシストにとって心理的安全性という概念は競争相手の弱みを握るための道具にもなるということだ（**図表4-2**）。

このような視点から考えると，上述の経営会議に関する実例には異なった可能性が示唆される。すなわち，新参者の経営層は経営会議であえて問題を指摘しなかったのではないかということだ。他の経営層が失敗するのをあえて止めずに，失脚するのを待って自分が出世するタイミングを待つという方略をとったとも解釈される。

人間の歴史を振り返れば，競争場面における人間は自己や自己の所属する集団の利益獲得のためにときに暴力や知略による闘争を繰り返してきた。もちろん，過去の歴史が未来でも繰り返されることは保証されず，人間の意思や学習によって未来を変えられる部分もある。

ただし，少なくとも現時点においては人間観としてポジティブな一面だけを強調するのはリアリティから大きく逸脱してしまう。研究上の理論や概念が人間社会のリアリティを包含しないとき，その理論や概念と現実との不整合がそのまま理論や概念の企業組織への導入効果を低くする。人間心理へのリアリティのある洞察は必要不可欠だ。

リーダーがメンバーに対してチームの心理的安全性の必要性を唱えるとき，

その理念に強く共感する部下もいれば，警戒して距離を置く部下もいる。警戒して距離を置く部下はひとまず批判はせず，かといって積極的に取り組むわけでもない。これまでは「冷めている」などと言われていた人だが，調査をしてみると，このような人のパーソナリティ特性としてダーク・トライアドの高さが確認されたケースが複数存在した。

このような人が多いチームでは心理的安全性への取り組み効果が得られにくくなる。

4.1.3. 心理的安全性の前に 誰をチームに入れるのかが大事

チームで心理的安全性を実現するには，マキャベリアンやナルシシストのように他者の弱点を自己の出世や特権獲得のために用いないような人をメンバーにする必要がある。ただし，心理的安全性といっても一様ではないことに気を付けなければならない。

例えば，メンバーがお互いに意見を言い合って気兼ねなく問題点をどんどん指摘していくような形もあれば，お互いの暗黙知が共有されて暗黙の了解で仕事をスピーディーにどんどんと進めていくような形もある。前者の形では気兼ねなく自分の意見を言える自己主張性や社会的外向性の高い人がチームにうまく馴染めるだろう。後者の形では組織の持つ暗黙知への開放性や共感性の高い人がチームにうまく馴染めるだろう。

つまり，多様な心理的安全性の形から自分のチームが目指すものを定めた上でそれに適したメンバーの採用選抜を行うことが必要だ。

採用とは，企業が直接雇用する労働者を外部労働市場から募集・選考し，労働契約を結ぶことである（今野・佐藤，2020）。これは広義の「採用」を指す。広義の採用の下位概念として，募集面に着目して組織が候補者を惹きつける活動についてのrecruitment research（採用研究。ここでの「採用」は狭義の意味を指す），選考面に着目して面接などで合否決定する活動についてのselection research（選抜研究）の2つを設けることが一般的である（Wanous, 1992など）。組織心理学の研究分野では採用研究，選抜研究ともに海外において長年にわたって蓄積された膨大な成果がある。

　採用研究とは，人材の採用にあたっての惹きつけを目的にした研究分野であり，代表的な下位研究には社員を介した情報伝達に着目したリクルータ研究（Connerley & Rynes, 1997など），採用情報伝達についてのRJP（Realistic Job Preview）研究，採用メディア研究などがある。自分のチームが目指す心理的安全性を実現できそうなメンバーをいかに外部労働市場から惹きつけるかがここでの関心事になる。

　リクルータはいわゆるOB・OGのことなどを指し，外部労働市場にいる就職志願者（大学生など）に対して自社の仕事や求める人物像などについての情報伝達を行う。採用母集団の中に求める人物像に合致した志願者を多く含めるための採用方略の一つであるとともに，志願者の就職選択にとっての貴重なリソースでもある。

　下村・堀（2004）は，日本の大学生を対象にして，第一志望企業から内定を得られた学生はOB・OGを情報源として就職活動を行った一方で，第一志望企業から内定を得られなかった学生はOB・OGを情報源としなかったことを報告した。平沢（1995）は，日本国内の大学生650名を対象にして，OBの訪問数が就職活動の成功に関連することを報告した。これらの調査結果はOB・OGという企業内部者を介して各企業の求める人物像を大学生が知得した場合に就職活動が成功しやすいことを示唆している。

　RJP研究はJ. P. Wanousなどによる研究が世界的に知られており，職務のプラス面だけでなくマイナス面まで入職前から求職者に伝達することで入職後の職務満足感向上などに望ましい効果があることを実証的に示したものだ。例えば，自社のチームの心理的安全性が高いことばかりを求職者に伝達してしまうと入職後に心理的安全性が低い場面に遭遇したときにリアリティ・ショックを引き起こしてしまう。幻滅体験は職務満足感低下や早期離職につながりやすいため，入職前から心理的安全性が高いチーム作りを目指してはいるが，実際は低いこともあるなどの自社の課題を求職者に伝達することで，求職者にとっての正しい理解と職場選択を促し，企業にとっての望ましい採用母集団形成を目指す。

　採用メディア研究はウェブなどのメディアを介した情報伝達に関する研究である（Allen, Mahto, & Otondo, 2007など）。リクルータのように人間を介する

方法ではなく，就職活動サイトや転職サイトなどのウェブを介した採用活動の実務的増加に対応して研究が蓄積され始めている。自社が求める人物像の伝達に深く関わるものだ。

　Googleは採用を重要な経営活動と考えて科学的検証を絶えず行っている。チーム作りだけではなく，そもそもどのような人をチームメンバーとして迎え入れるべきかをケアしているからこそ心理的安全性の成果が創出できる。

　逆に，「採用は人事部の仕事で，チーム作りは事業部の仕事」と分離して考えてしまっているような企業では，自社が目指す心理的安全性の形に適合しにくい人物が誤った理解で自社に惹きつけられて採用母集団に含まれてしまう。玉石混交の採用母集団からの選抜は極めて難しくなる。

　以上から，効果的なチームを作るためには上述の図表4-1の心理的安全性の前に「採用」そして「選抜」というプロセスが本来は必要である（**図表4-3**）。チーム作りのフェーズ・ゼロとしての採用および選抜に取り組んでいない企業が「心理的安全性を導入したが効果が出ない」と嘆くのも無理はない。

図表4-3　チーム作りのフェーズ・ゼロ

チーム作りのフェーズ・ゼロ
自社の目指す心理的安全性に
適合するチームメンバーを
惹きつけ，選抜する

4.1.4. 心理的安全性の構築は採用面接から始まる

　選抜研究とは，人材の合否を決定することを目的とした研究分野であり，代表的な下位研究に面接研究，適性検査研究，エントリーシート研究などがある。

　特に，面接研究については海外において非常に数多くの実証研究が蓄積され

てきた。Arvey & Campion（1982）は，組織心理学領域で過去60年以上にわたって面接による選抜についての極めて精力的な研究展開がなされてきたことを報告した。採用母集団の中から面接によって自社に適合する人物をいかに見極めるか，は古くから大きな関心事だった。

　面接には「信頼性」と「妥当性」が求められる。信頼性には多様な概念が含まれるが，ここでは評価者間信頼性研究に着目する。評価者間信頼性とは採用側の複数の面接者から見て「この人ならうちのメンバーとしてうまく働いてくれそうだ」という評価が一致することを指す。この評価が一致せずに割れる被面接者（求職者である大学生など）の場合には，例えば自社の特定の部署ではうまく働けるかもしれないが，それ以外の部署ではうまく働けない可能性があるということが示唆される。自社が目指す心理的安全性に広く適合するかどうかについて面接者によって評価が一致せずに不安が残る人である。

　既に述べたとおり，一部の日本企業においては採用面接の評価者間信頼性の低さが実証的に示されている。つまり，フェーズ・ゼロの段階で既に心理的安全性の失敗が始まっている可能性がある。

　妥当性にも多様な概念が含まれるが，ここでは予測的妥当性に着目する。予測的妥当性は採用面接が入職後の成果指標（職務成果など）を予測することを指す。入職してから高い成果をチームで生める人を採用面接時点で正しく評価できているかを検証するものだ。筆者が2010年代に報告した，日本企業を対象にした実証分析結果では採用面接の予測的妥当性の低さが示された（鈴木, 2013）。つまり，このような企業では採用だけではなく，選抜においてもフェーズ・ゼロの段階で既に心理的安全性の失敗が始まっている（**図表4-4**）。

　自社のチームに適している人はどのような人なのか。まず，この問いに正面から答えて採用と選抜を行うことがチームの心理的安全性作りの前提になる。

　その問いに答えるための参照点になる知見は，採用研究，選抜研究，パーソナリティ特性研究として世界中で蓄積されている。これらの知見を活用するチームの心理的安全性は高く，活用しないチームの心理的安全性は不安定になるだろう。心理的安全性という概念の流行にのっかり，いきなりチーム作りをしようとしても限界がある。心理的安全性の構築とは，実は，採用と選抜から始まる，成果が出るまでに長い期間と多くのプロセスを要する経営活動である。

図表4-4　日本企業における面接選抜の課題

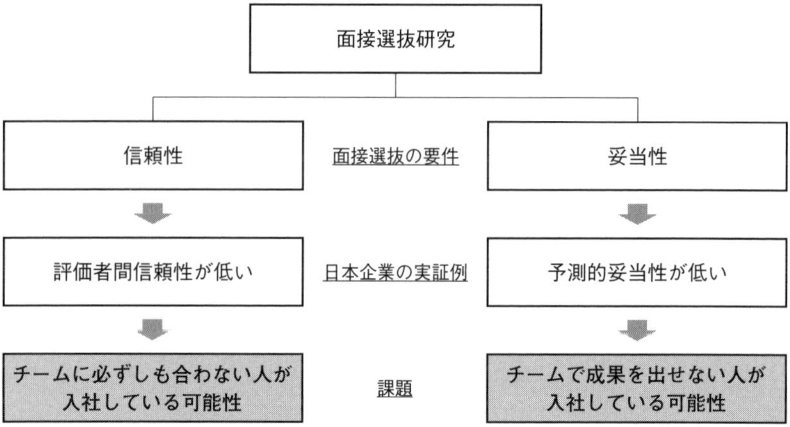

```
              ┌──────────────────────┐
              │      面接選抜研究       │
              └──────────────────────┘
        ┌──────────────┴──────────────┐
┌────────────────┐              ┌────────────────┐
│     信頼性      │   面接選抜の要件   │     妥当性      │
└────────────────┘              └────────────────┘
        ↓                              ↓
┌────────────────┐              ┌────────────────┐
│ 評価者間信頼性が低い │ 日本企業の実証例 │ 予測的妥当性が低い │
└────────────────┘              └────────────────┘
        ↓                              ↓
┌────────────────┐              ┌────────────────┐
│ チームに必ずしも合わない人が │   課題   │ チームで成果を出せない人が │
│   入社している可能性    │         │   入社している可能性   │
└────────────────┘              └────────────────┘
```

4.2. 職場での学習・成長と私的自意識

―――――― 本節のテーマ ――――――

　上司と部下の心理的距離がこれほどまでに近くなったときがあっただろうか。上司と部下が膝を突き合わせて面談を行う「1 on 1 ミーティング」を導入する企業が増えている。

　その代表的な理論的基盤は「経験学習」だ。仕事の状況における経験学習研究が昨今盛んに進められている。業務経験をとおした部下の内省を上司が促して部下の成長を支援するものだ。

　しかし，経験学習に基づく 1 on 1 ミーティングを導入したものの思うような成果が出ていないという声も聞く。なぜなのだろうか。部下の人材育成のために何が欠けているのだろうか。

4.2.1. 経験学習とは何か

　経験学習には様々な考え方があるが，最も世界的に活用されている理論はKolb（1984）によるものだろう。Kolb（1984）による経験学習サイクルは学校教育だけではなく，企業内教育においても世界的に極めて頻繁に参照されるモデルである。

　Kolb（1984）の経験学習サイクルは人間の学習を4つの構成要素から成るサイクルで捉えることに特徴がある。「具体的経験」をしてから，その経験を振り返る「内省的観察」を行い，その経験とは異なる状況でも応用できるような「抽象的概念化」を行った上で，次の経験に適用する「能動的実験」につなげるというサイクルを描く（**図表4-5**）。

　このKolbのモデルはレヴィン，デューイ，ピアジェからの理論的影響を受けており，膨大な理論研究をもとに提唱されたものである。企業の社員教育の

図表4-5　Kolb（1984）の経験学習サイクル

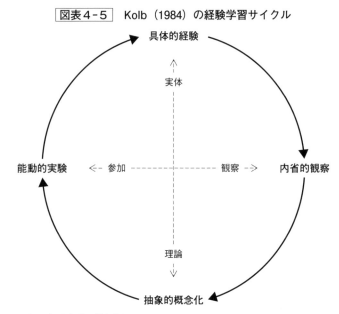

（出所）　Kolb（1984）を参考に筆者作図

　理論的基盤としてKolbのサイクルを適用する事例が日本企業でも増えている。
　例えば，ヤフー株式会社では経験学習を理論的基盤とした1on1ミーティングについて同社ならではの取り組みを行っており（ヤフーウェブサイト），実践的示唆に富んでいる。

4.2.2. 職場では心理不在の行動偏重型経験学習はうまくいかない

　一方で，Kolbの経験学習サイクルにはかねてから問題が指摘されてきた。代表的な問題の一つに，経験学習サイクル内の「内省的観察」における心理面の検討不足がある（Vince, 1998）。
　例えば，会社でリーダーシップ研修を受講したとき，果たして自分にはリーダーとしての器が備わっているのだろうかと不安に感じる場合がある。その場合，研修で得た経験を振り返って，自分の学習を進めようというよりも，不安が勝ってしまって内省が進まずに学習サイクル全体がストップする人がいる。

内省的観察を促進または阻害する心理面での知見があれば，学習サイクルを前に進めるヒントを得られるが，Kolbの経験学習サイクルではそのような知見が体系化されていないために内省的観察には不明な点が多く残されているという指摘だ。

　また，1on1ミーティングの場面で上司から部下へのアドバイスがなされたとき，自分の力量でそのアドバイス通りに実行できるかどうか，不安を強く感じると内省的観察が進まない。部下が複数いるとき，仮にそれらの部下への上司からのアドバイスが全く同じだった場合でも，ある部下は不安を強く感じる一方，別の部下は不安を全く感じないことがある。部下個々人の心理的特性に差異があるからである。このような内省的観察に関連した心理的特性の検討がKolbの経験学習サイクルでは不足している。

　この問題に対して，内省的観察における心理面での検討を行うべく，個人の「信念」という概念に着目した研究例がある。松尾（2006）は，信念を「対象（例えば，自己や身の周りの環境）がどのような属性を持つかについての認知」と定義した上で，例えば不動産営業担当者の場合には「顧客志向」や「目標達成志向」の信念の差異，自動車販売担当者の場合には「誠意」や「自己管理」の信念の差異などによって，同じ内容の経験をしたとしても学習の成果が異なることを報告した。

　誠意や自己管理に関する信念はビッグファイブの勤勉性・誠実性とも関連する概念だと推察される。わが国では，職場の経験学習についてパーソナリティ特性を心理面の特性として本格的に取り上げて検討した学術研究は管見の限り見当たらないが，パーソナリティ特性と類似する信念に関する分析結果から考えればパーソナリティ特性の個人差によって学習の成果が異なることが予想される。

　例えば，外向性の高い部下に対してお客様と接する行動量を増やすようなアドバイスを上司がする場合，部下にとってそのアドバイスは実行可能なものとして不安なく受け止められるだろう。しかし，一人ひとりのお客様との深い関係性の構築を得意とするような，外向性という面では低い部下は，単に行動量を増やすように上司からアドバイスされてもあまり納得できず，不安や不満を抱えた結果，そのアドバイスに基づいた学習行動が思うように進まない。

4.2.3. 職場での学習の仕方には性格による個人差がある

　職場での経験学習におけるパーソナリティ特性の役割を論じるとき，大学に所属する研究者にとって身近な大学生を対象にした調査分析結果を社会人の仕事の状況にそのまま適用しようとする研究が海外で多く，強引な一般化を問題視する論調が国際的にある。かといって，仕事の状況における経験学習とパーソナリティ特性の関係を論じた研究は世界的に極めて少なく，その関係はほぼわかっていないとされてきた（Li & Armstrong, 2015）。

　しかし，最近になって仕事の状況を対象にした研究が一部ではあるが，見られるようになってきた。希少な研究の一つにLi & Armstrong（2015）がある。同研究は，グローバル企業の管理職269名などを対象にして，Kolbの経験学習サイクルとビッグファイブとの関係性を仕事の状況下で明らかにしたものだ。ビッグファイブの各因子を説明変数，経験学習サイクルの構成要素を従属変数とした重回帰分析による主な結果を**図表４-６**に示した。

　ビッグファイブのパーソナリティ特性のうち３つの因子（外向性，協調性，勤勉性）が経験学習サイクルに有意な影響を与えることが示された。

　外向性は，具体的経験と能動的実験に正の有意な影響を与えた（$\beta=.28$，$p<.001$。$\beta=.27$，$p<.001$）が，内省的観察と抽象的概念化には負の有意な影響

図表４-６　ビッグファイブが職場の経験学習に与える影響

	具体的経験	内省的観察	抽象的概念化	能動的実験
外向性	.28***	-.31***	-.21**	.27***
協調性	-.15*	.05n.s.	.07n.s.	.01n.s.
勤勉性	-.29***	.03n.s.	.13n.s.	.12n.s.
情緒不安定性	-.01n.s.	-.02n.s.	-.02n.s.	.05n.s.
開放性	.03n.s.	.01n.s.	.07n.s.	-.11n.s.

数値はβを示す。
*$p<.05$　**$p<.01$　***$p<.001$　n.s.：not significant
（出所）　Li & Armstrong（2015）をもとに筆者作表

を与えた（$\beta = -.31$, $p < .001$。$\beta = -.21$, $p < .01$）。外向性が高い人は内省や概念化という「思考的な学習」は好まず，実際に経験をすることや実験をするといった「行動的な学習」を好むことが示された。

　協調性は，具体的経験に負の有意な影響を与えた（$\beta = -.15$, $p < .05$）。協調性は受容性とも称される因子であり，相手を受け容れるパーソナリティ特性を示すため，受身な姿勢の強い人は自ら能動的に具体的経験を獲得しにいかないものと解釈された。

　勤勉性は，具体的経験に負の有意な影響を与えた（$\beta = -.29$, $p < .001$）。職場における勤勉性の高さとは勤怠に真面目で，目標に向かって地道に取り組むような人などが該当するが，真面目で地道だからといって新たな経験の獲得に向かうかというとそうではないということだろう。すなわち，与えられた仕事についてはしっかりと取り組むが，自ら新たな仕事を獲得しにいくかといえばそうではないものと解釈された。

　これらの結果を踏まえると，1 on 1 ミーティングで上司が部下に対して「行動量を増やして今までとは違う仕事や人脈を構築してはどうか」とアドバイスをしても，それがすんなり腑に落ちる外向性の高い部下と腰が重くなる協調性や勤勉性の高い部下で反応が大きく異なるということだ。例えば，勤勉性の高い部下は，上司からやみくもに行動量を増やせと言われたような気がして，自分が地道に積み上げてきた業務成果やその創出方法を否定されたような気になる人もいる。そういう上司にはついていけないと思うようになる。

　または，上司が部下に対して「ただ動き回るだけではなく，一つひとつの案件をしっかりと振り返ってから行動に移したほうがいい」とアドバイスをしても，そもそも外向性の高い部下は能動的に動くことで自分の経験学習サイクルを回そうとするため，上司と部下の間に溝ができてしまう。「そんな暇があるのだったら外回りをして多くの人と会いたい。実際に動かないと何も始まらない」と部下は心の中で思っているのだ。

　学習の行動的側面に着目するばかりに心理的側面，特に行動の規定因となるパーソナリティ特性の検討が不足しているのが経験学習サイクルとそれを理論的基盤とする 1 on 1 ミーティングの根源的な問題点である。

4.2.4. 仕事を振り返るときには省察と反芻の2つの異なる私的自意識が働く

　経験学習サイクルに関連するパーソナリティ特性はビッグファイブ以外にもある。主に関連するものに「私的自意識（private self-consciousness）」がある。私的自意識はパーソナリティ心理学領域で盛んに研究がなされ，知見が豊富に蓄積されている。

　まず，「自意識（self-consciousness）」は「私的自意識」と「公的自意識（public self-consciousness）」から構成される（Fenigstein, Scheier, & Buss, 1975）。

　私的自意識とは「個人が内的に持つ感情，思考，感覚への意識」を意味し，公的自意識とは「個人が持つ他者への意識」を意味する（Fenigstein *et al.*, 1975）。個人の意識の方向が個人の内か外かによって自意識を分けて論じるFenigstein *et al.*（1975）の研究は，その後の自意識研究の基礎の一つとされて世界的に参照されている。

　私的自意識は「リフレクション（Reflection：省察）」と「ルミネーション（Rumination：反芻）」に分けられる（Trapnell & Campbell, 1999）。**図表4-7**の因子構造と項目は，私的自意識のリフレクションとルミネーションを説明したもので RRQ（Rumination-Reflection Questionnaire）という有名な心理尺度である。

　海外ではRRQを用いた研究が数多くなされ，日本語訳（高野・丹野，2008）も作成されている。なお，日本語訳では天井効果が3項目において見られたため，原典のRRQとは一部異なる内容になっている。図表4-7に示した因子構造と項目は原典のRRQ（Trapnell & Campbell, 1999）を用いた上で，項目文の和訳のみ高野・丹野（2008）を参照した。

　リフレクション（省察）とは，自己への好奇心や興味によって動機付けられ，自己理解や精神的健康の促進に寄与するとされる。図表4-7の項目例では「ものごとの本質や意味について深く考えることがとても好きだ」「なぜそうするのかを分析するのがとても好きだ」「もともと自己をとても探究したいと思っている」などがリフレクション因子に該当した。

　一方，ルミネーション（反芻）とは，リフレクションとは異なり，ネガティ

図表4-7　私的自意識の因子構造

	第一因子 リフレクション	第二因子 ルミネーション
「内的な」自己を探るのがとても好きだ	.81	−.04
自分の人生を哲学的に見ることがとても好きだとしばしば思う	.79	.01
ものごとの本質や意味について深く考えることがとても好きだ	.76	−.06
内省的，自省的な考え方は本当に好きではない（R）	.75	.00
物事に対する自分の態度や気持ちに，強い興味がある	.72	−.03
なぜそうするのかを分析するのがとても好きだ	.71	.11
自己分析はあまり好きではない（R）	.71	.06
私はそれほど物事を深く考えるタイプの人ではない（R）	.70	−.05
哲学的，抽象的な考えは，それほど私の興味を引くものではない（R）	.69	.09
自分自身についてじっくり考えることは，楽しいとは思わない（R）	.69	−.01
私は，「深い」，内省的なタイプの人だとよく人に言われる	.67	.03
もともと自己をとても探究したいと思っている	.59	.11
本当に長い間，自分に起こったことを繰り返し考えたり，つくづくと考えたりしがちだ	−.03	.80
過去にあった場面で，自分がどう振舞ったかを頭の中でよく思い返している	−.03	.78
最近自分が言ったことやしたことについて，頭の中でいつも思い返しているように思う	−.02	.77
口論や意見の不一致があると，その後長い間私は起こったことを考えつづける	−.05	.71
終わったことやしてしまったことを思い返すために時間を使うことはない（R）	−.02	.71
自分がしたことについて，自らもう一度評価をしていることに気が付くことがよくある	.03	.70
もはや関心を持つべきではない人生の出来事について熟考することがよくある	.00	.70
私は，恥ずかしい，あるいはがっかりした瞬間を思い返すのに，非常に多くの時間を費やしている	.10	.69
あまり長い間，自分自身のことを繰り返し考えたり，じっくり考えたりすることは決してない（R）	.10	.65
不愉快な考えを頭の中から外へ出すことはたやすい（R）	−.06	.61
時々，自分自身について考えるのをなかなかやめることができない	.17	.59
自分のある側面について考えるのをやめたいと思っていても，そこに注意が向くことが多い	.10	.58

数値は因子負荷量を示す。（R）は逆転項目を示し，逆転項目の因子負荷量は逆転後の回答値を用いたものを示す。
（出所）　Trapnell & Campbell（1999），高野・丹野（2008）をもとに筆者作表

ブで慢性的・持続的であり，喪失，不安，抑うつ，怒りと結びついた自己注目の繰り返しで，精神的な不健康を招きかねないとされる。同じ失敗についていつまでも悔やみ続け，同じことが頭の中でめぐり続けて，次に進めないような人が持つ特性である。

　図表4-7の項目例では「本当に長い間，自分に起こったことを繰り返し考えたり，つくづくと考えたりしがちだ」「口論や意見の不一致があると，その後長い間私は起こったことを考えつづける」「私は，恥ずかしい，あるいはがっかりした瞬間を思い返すのに，非常に多くの時間を費やしている」「不愉快な考えを頭の中から外へ出すことはたやすい（逆転項目）」などがルミネーション因子に該当した。リフレクションに近い心理的特性のようにも一見思えるのだが，物事の本質や意味を考えているか，また，なぜそうするのかという部分がルミネーションには含まれないのが特徴的だ。

　因子負荷量から2因子に分かれることは明白である。つまり，一見似たような特性であってもパーソナリティ特性としてリフレクションとルミネーションは別個の因子として解釈される（**図表4-8**）。

　これらの結果は仕事の状況への示唆に富んでいる。リフレクションとルミネーションという本来別々の特性を混同してしまって，ルミネーションを続けてしまうと，本人は内省・省察をしているつもりであってもいつしか負のループに入ってしまって，いずれ仕事に身が入らなくなってしまう危険性があると

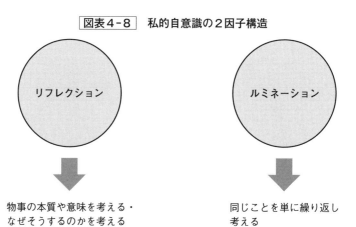

図表4-8　私的自意識の2因子構造

いうことだ。そういう人は過去の失敗を引きずって本来の能力を活かしきれないままに日々を浪費してしまう。

ルミネーションに偏った部下に対して「もっと過去の経験を振り返れ」という指導を上司がしてもあまり意味がない。上司としては部下の経験学習サイクルを進めるために内省的観察についての指導をしたつもりであっても，負のルミネーションサイクルの終わりなき渦の中に結果的に上司が部下を誘ってしまっていることもある。

上司の想いに反して部下が指導を聞き入れない，部下が思うように成長しないことの大きな一因である。

4.2.5. 省察と反芻は仕事で大きな違いを生む

仕事の状況におけるリフレクションとルミネーションの効果についてRRQを用いた縦断調査で明らかにした研究がある（Sutton, Williams, & Allinson, 2015）。

組織で働く管理職約80名を対象にして，RRQのリフレクションとルミネーションに加えて，「仕事への不安・心配の無さ」と「仕事への熱意」を質問紙調査で測定した。**図表4-9**にリフレクションとルミネーション別のそれら変数間の相関係数を示した。

リフレクションは「仕事への不安・心配の無さ」と「仕事への熱意」のいずれとも正の有意な相関係数を示した。仕事の状況において理由や本質を深く考えるとともに自己の内面を見つめるリフレクションを行うことは，仕事への不安・心配を解消して，熱意を生むこととポジティブに関連するということだ。

一方で，ルミネーションは「仕事への不安・心配の無さ」と負の有意な相関係数を示した。同じことを単に繰り返して考えているだけでは仕事への不安・心配が高まってしまうということだ。

また，ルミネーションは「仕事への熱意」と有意な相関係数を示さなかった。反芻しているだけでは仕事に熱意を持って取り組めないということが示唆された。

図表4-9　仕事の状況下でのリフレクションとルミネーション

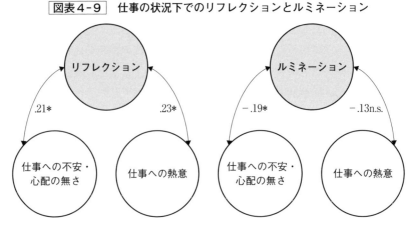

数値は相関係数を示す。
*p<.05　n.s.：not significant
（出所）　Sutton *et al.*（2015）をもとに筆者作図

　もちろん，ルミネーションをすることで自己や問題を深く理解することにつながる面もある（Watkins & Baracaia, 2001）ため，ルミネーションの全てが精神的な不健康につながるというわけではない。しかし，スピードやマルチタスクが求められるような職場環境においては同じことを単に反芻するだけでは限界があるということだろう。反芻を何度もしているうちに問題の本質検討や理由の特定がなされないまま，単に時間だけが過ぎてしまうことがあるが，これは，ゆるやかな私生活とは異なり，仕事の状況ではあまり歓迎されないことだ。

　同じ失敗をぐるぐると繰り返し考えてしまってどんどん気分が落ち込んで他の仕事や生活に悪影響が出てしまうということがある。これがルミネーションの問題である。

　本来やらなければならないのは，なぜ失敗が起きたのかについて心理的な葛藤を乗り越えて振り返り，失敗の本質を探り当てるようなリフレクションなのだ。怒りや悲しみなどの感情がその冷静なリフレクションを邪魔するのだが，ルミネーションとリフレクションの知識があればその邪魔についても冷静に対処しやすくなる。

　経営学に「イノベーションのジレンマ」という有名な理論がある。過去のイノベーションが成功体験となって，それが次のイノベーションを考える上での枠組みの制約になってしまって自由な発想を阻害した結果，次のイノベーションが生まれにくくなるという理論である。

　同じように，ルミネーションばかりする人は過去の成功体験に縛られすぎていて，実は過去の考え方とは違う新たな考え方が次の仕事状況では求められているのに，過去の考え方の枠組みを妄信的に継続してしまっている場合がある。過去の成功体験が次の成功を邪魔するとは皮肉な結果ではあるが，過去ばかりを繰り返し見ていては次に進むことはできず，過去を振り返るにもやり方があるということだ。

　部下指導だけではなく，同僚間，ときには部下から上司へと助言をする場面が職場では少なくない。その助言の仕方ひとつで皆の学習行動だけでなく，職場の雰囲気が変わっていく。社員の学習と成長を相互に支援するような働きやすい職場を作る上で私的自意識研究は大きなヒントを与えてくれる。

4.3.　職場での評価と公的自意識

┌─────────────── **本節のテーマ** ───────────────┐

　「管理職になりたくない」「低く評価されるのは嫌だが，かといって高く
評価されたいわけではない」という若手社員が増えている。

　管理職世代としては労働観のギャップに驚くばかりかもしれないが，
「昔はこうだった」という時代遅れな指導や「もっとがつがつしろ」とい
う根性論は最も嫌悪される。

　果たして，このような若手社員の心の中はどのような意識で構成されて
いるのだろうか。若手社員を理解した上で，チーム作りや人材育成をうま
く進めるにはどのような知見が必要なのだろうか。

└──┘

4.3.1.　他人からどう思われたいか，には4つの種類がある

　全ての人が他者からの賞賛を受けたいと思うのだろうか。対人関係における
人間行動の大部分は賞賛を獲得しようという意識だけではなく，他者からの批
判や罰を避けようという意識によっても説明可能なことが古くから知られてい
る（Martin, 1984）。さらに，他者からの賞賛を恐れる意識があることも知ら
れている（Weeks & Howell, 2012）。

　公的自意識の下位概念として以下4つがあげられる（**図表4-10**）。

　第一は，「Fear of negative evaluation」である。否定的な評価を他者から下
されることへの恐怖を指す（Leary, 1983；Miller, 1995）。Fear of negative
evaluationは人間の恐怖を生む基礎的感情の一つとされており，仕事の状況で
も見られるものだ。

　例えば，採用選考面接において「あの面接官は私のことを気に入らなかった

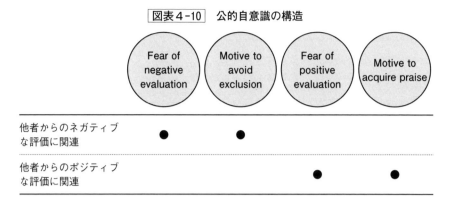

図表4-10　公的自意識の構造

に違いない」「この会社から内定を得られなければ私はすごく恥をかいてしまう」と他の受験者よりも強く思うような人はFear of negative evaluationの強い人である（Zhang, Powell, & Bonaccio, 2021）。

　第二は，「Motive to avoid exclusion」である。排除されることを回避したいという動機を指す（Leary & Meadows, 1991；Miller, 1995）。仕事の状況での排除には，かつての窓際族，プロジェクトチームから外されること，昇進候補者から外されることなどがある。

　第三は，「Fear of positive evaluation」である。人間には，他者から賞賛されることを好む人ばかりではなく，賞賛されることを恐れる人もいることが知られている（Weeks & Howell, 2012）。

　Fear of positive evaluationの高い人は他者からポジティブな評価を得ることで既にその集団内で他者から高い評価を得ている他者との衝突の発生や，それに伴う報復を心配するという特徴がある。「Fear of negative evaluation」が他者から低く評価されることを恐れるのに対して「Fear of positive evaluation」は他者から高く評価されることを恐れる。

　第四は，「Motive to acquire praise」である。他者からの賞賛を求めるもので，心理学的にも日常的にも最も馴染みがある公的自意識である。

　これらの公的自意識の仕事の状況への示唆としては，人間は他者からの賞賛だけを求めるという単純な生き物ではないのに，「部下は高い評価を求めているはず」という単線的な思考で上司が指導するとき，部下の心理とすれ違って

しまうことなどがあげられる。もしかしたら部下はFear of positive evaluationが高く，賞賛を受けることへの恐怖があるのかもしれない。または，賞賛を受けることよりも排除されることを避けたいと強く思っているのかもしれない。管理職になりたがらない若手社員に対して「もっとがつがつしないとだめだ」と嘆く前に部下がどのような心理的特性を持っているのかを上司は知る必要がある。

　若手社員側としては会社や上司が求めるMotive to acquire praiseと自分自身の公的自意識の方向性が異なると，日々の仕事への向き合い方に悪影響が出てしまう。その原因を知るために自分自身の公的自意識の構造と向き合う必要がある。

4.3.2. 周りから高く評価されたいのに職場で敵を多く作る人の公的自意識構造

　公的自意識についてわが国で参照されることが多い初期的研究の一つに菅原（1986）による研究がある。

　同研究による，他者からの評価への意識についての分析結果を**図表4-11**に示した。

　因子分析の結果，第1因子は「賞賛されたい欲求」，第2因子は「拒否されたくない欲求」と解釈され，因子負荷量から別々の因子であることが示された。

　個別の項目を見ると，賞賛されたい欲求因子では「何か気のきいたことを言って人を感心させたい」「人に自分を印象づけたい」などが該当した。拒否されたくない欲求因子では「誰からも嫌われたくない」「できるだけ敵は作りたくない」などが該当した。

　仕事の状況への示唆深い分析結果である。職場では周りからの高い評価を必死に求めて，他者に良い印象を積極的に与えようとする人がいる。会議で積極的に意見を出して，その人なりに組織に貢献しようとする。そのように職場で出世を目指して躍起になっている人が傍若無人とも思える振る舞いをしばしば見せることがある。

　例えば，自分は出世のための仕事に集中したいと考えて，自分がやりたくない仕事を組織に所属して間もない，まだ内情がよくわかっていない新参者を

図表4-11　他者からの評価への意識

	第1因子	第2因子
みんなの人気者になりたい	.71	
みんなの注目をあびたい	.77	
人前ではいつもかっこよくありたい	.51	
何か気のきいたことを言って人を感心させたい	.49	
人に自分を印象づけたい	.69	
どんな時でも相手の機嫌をそこねたくない		.64
誰からも嫌われたくない		.74
みんなから"変な人"だと思われたくない		.42
できるだけ敵は作りたくない		.74

数値は因子負荷量を示す。

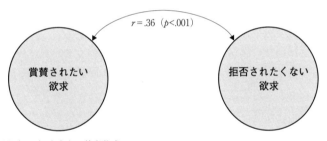

（出所）　菅原（1986）をもとに筆者作成

ターゲットにして断る隙を与えずに仕事を割り振ろうとする。また，自分の積極的な姿勢をアピールするために会議で攻撃的発言を繰り返す。それが自分の積極性や有能性をアピールすると信じているからだ。

　たしかに，これらの行動によって自分がやりたくない仕事を新参者に割り振り，出世のための仕事に集中できるかもしれない。会議で積極性をアピールして上層部に顔を覚えられるかもしれない。しかし，仕事を割り振られた人と攻撃された人は間違いなくすぐにその人の敵になる。

　周囲から見ればこういう人は謎だらけで理解が難しい人である。なぜなら，あれだけ他者からの高い評価と出世を目指しているのに，なぜ自ら進んで組織内に敵を作るような行動をするのか，矛盾した行動に思われるからである。他者からの高い評価と出世を目指すのであれば，組織内に敵を作らず，嫌われないという方向性に意識が働くはずだと通常の人は考える。

　その一見矛盾した行動をとる人は「賞賛されたい欲求因子」と「拒否されたくない欲求因子」の独立性によって解釈できる。

　つまり，その人は賞賛されたい欲求因子に強い傾向性がある一方で，拒否されたくない欲求因子には強い傾向性を示さない人なのだ。だから，会議で積極的に発言して貢献しようとするが，別の場面では他者の機嫌を損ねて嫌われて敵を多く作り，変な人だと思われるようになる。賞賛されたい欲求因子と拒否されたくない欲求因子は相関はありつつも，ある程度独立した因子だから片方が高く片方が低いという状態が可能である。

　民間企業だけではなく，大学の教職員でも他者から高い評価を得ようと躍起になっているのに，あえて敵を多く作っている人をよく見かける。敵が多くても，それを超える成果を生み出して注目を浴びれば結果として出世していくことになるが，だいたいは途中で頓挫してしまう。そのとき，自分が願っていたキャリアではなかったと嘆くしかなくなるが，その原因が自分が無駄に敵を作ってしまったからだとは最後まで思わない人もいる。なぜなら，拒否されたくない欲求因子に傾向性がないので，敵の多さはその人にとって気にかけるべきことではないからだ。

　「足元を見ずに頭上だけを見上げている」というような変な人だが，人間心理にはこういう面がある。

　賞賛されたい人が皆，拒否されたくないわけではない。拒否されたくない人が皆，賞賛されたいわけでもない。この心理的構造はまさしく賞賛と拒否によって処遇と職業人生が大きく変わる仕事の状況でこそ広く知られるべきだろう。

4.3.3. 低評価を恐れ，心配事が多い人だからといってジョブ・パフォーマンスが低いわけではない

　仕事の状況では他者からの評価が日常的になされる。また，制度として人事考課が設けられている産業組織がほとんどであり，人事考課とは他者からの評価にほかならない。

　そこで，他者からの評価に着目して，特に他者から低い評価を下されることへの恐怖（Fear of negative evaluation）を以下に取り上げる。

　スポーツ・サイエンス分野では他者から低い評価を下されるかもしれないという恐怖が多いときには競技者のパフォーマンスが低下することを示す研究例がある。また，警察官を対象にした調査では，否定的な評価を他者から下されることへの恐怖（「私は，職場の他のメンバーが私を良いメンバーとして捉えているか心配である」など）が仕事のパフォーマンスと負の関係にあることが示された（McCarthy, Trougakos, & Cheng, 2016）。他者から低い評価を下される恐怖が大きいと仕事のパフォーマンスが下がるというわけだ。

　スポーツ競技者や警察官という，いわば特異な職場以外の一般的な仕事状況にもその傾向を拡張可能なのだろうか。もし，一般的な仕事状況でもFear of negative evaluationの高い人が仕事のパフォーマンスが低いのであれば，上司は部下のその恐怖をやわらげたり，環境を変えたりする工夫をすることで部下を支援することが求められる。

　また，その場合にはそもそもFear of negative evaluationの高い人は採用しないほうがよいのかもしれない。Fear of negative evaluationの高い人のような，他者から低く評価されることを恐れがちな人を採用しないかわりに，他者からの賞賛を積極的に獲得したいという人を採用したほうがよいのではないかという疑問が生じる。他者からの賞賛を強く求めるわけではないが，低い評価を下されることは怖いという若手社員が増えている今こそ，この点について考えておくべきだろう。

　仕事の状況を対象にして，この疑問に取り組んだ研究例は世界的にまだかなり少ないが，数少ない研究例として2021年に発表されたZhang *et al.* (2021) による分析結果がある。この研究では，マーケティング，ソフトウェア開発，不動

| 図表4-12 | 仕事の状況におけるFear of negative evaluation | | | |

		1 Fear of negative evaluation	2 職場でのパフォーマンス面での心配	3 職場での対人関係面での心配	4 仕事のパフォーマンス
1	Fear of negative evaluation	－	.57**	.58**	.15n.s.
2	職場でのパフォーマンス面での心配		－	.45**	−.08n.s.
3	職場での対人関係面での心配			－	.16n.s.
4	仕事のパフォーマンス				－

**p<.01　n.s.：not significant
（出所）　Zhang *et al.*（2021）をもとに筆者作表

産などの仕事に従事する社会人128名を対象にしてFear of negative evaluation と仕事のパフォーマンスの関係が実証的に示された。

　仕事のパフォーマンスは，11項目（仕事の質，生産性，組織調整・企画力，意思決定・判断力，他者との協働のためのコミュニケーション力，学習能力，主体性など。α=.95）にわたる上司による部下への評価結果を指した。あわせて，部下本人が抱える職場での不安をパフォーマンス面と対人関係面のそれぞれで測定した。

　以上の変数間の相関分析結果を**図表4-12**に示した。

　Fear of negative evaluationは職場でのパフォーマンス面での心配（r=.57, p<.01），職場での対人関係面での心配（r=.58, p<.01）のどちらとも正の有意な相関係数を示した。他者から低い評価を受けることへの恐怖が高いと「職場でパフォーマンスをあげられるだろうか」「職場の人とうまくやっていけるだろうか」という心配が高くなることが示された。

　しかし，Fear of negative evaluationは仕事のパフォーマンスとの間に有意な相関関係が見られなかった（r=.15, not significant）。つまり，低く評価されたくないという恐怖が強い部下に対して「そんな消極的なことばかり考えているから仕事の成果があがらないのだ」と指導をする上司は的外れだということだ。

図表4-13　職場での心配のジョブ・パフォーマンスへの影響

	β	t	p value
職場での心配	.026	0.247	.805

（出所）　Zhang *et al.*（2021）をもとに筆者作表

　同研究では「仕事のパフォーマンス」を従属変数，「職場での心配」を独立変数とした回帰分析結果も報告された。「職場での心配」は，上述の「職場でのパフォーマンス面での心配」と「職場での対人関係面での心配」の合成変数だった。回帰分析の主な結果を図表4-13に示した。

　職場での心配は，仕事のパフォーマンスに有意な影響を与えなかった（β = .026, not significant）。

　Fear of negative evaluationと職場での心配の構成要素が正の有意な相関を示していたことから推察すると，他者からの低い評価への恐怖が強く，職場での心配事が多い人であっても仕事のパフォーマンスには影響しないものと考えられる。

　Fear of negative evaluationが強い人は，低く評価されることを恐れているから心配事も多くなる。色々なことを心配することが事前の対策や細かな配慮につながることもある。職場では消極的に見えることがあるかもしれないが，仕事のパフォーマンスが低くなるわけではなく，組織には一定の貢献ができる。Fear of negative evaluationが強い人なりの生存戦略であると解釈することもできるだろう。

　このような部下に上司が「もっとがつがつしろ」と言っても旧態依然とした昔の働き方を押し付けているようにしか聞こえない。部下の特性に合った指導を考えなければならない。

4.3.4. アップダウンの激しい随伴性自尊感情が高い人への人材育成

　では，他者からの賞賛を受けたいと強く思うような，いわゆるがつがつした人は何の問題もないのだろうか。否，これまでの国内外の研究を見れば，他者からの賞賛に基づいて自己に対する評価を考える人についてのリスクが指摘さ

れている。自尊感情の随伴性が心理的不適応につながりかねないという問題である。

　既に述べたとおり，自尊感情（self esteem）は世界的に広く知られた概念であり，自己に対する肯定的または否定的な態度，と定義された（Rosenberg, 1965）。この自尊感情は「本当の自尊感情」と「随伴性自尊感情」に分けられることが比較的近年の研究によって示されている（例えば，Crocker & Wolfe, 2001）。本当の自尊感情と随伴性自尊感情は負の相関を示しており（伊藤・小玉, 2006），異なる特性とされる。

　本当の自尊感情とは，外的な出来事によらず，自分らしく存在することで感じられる自尊感情である。

　一方，随伴性自尊感情とは，自己価値を外的な出来事によって成り立たせる自尊感情である。随伴性自尊感情については，例えば，勉強での好成績などの外的な理由が整ったときに自分に対する肯定的な心理状態が形成される一方で，その外的な理由が整わないときには自尊感情が脅威にさらされて，心理的な不適応を生じさせるリスクが高まることが知られている。

　仕事の状況は，営業成績，勤労成績，会議での発言などの外的な理由によって他者からの評価が生まれる場であり，ただそこにいてくれるだけでいいという性質のものではない。他者からの賞賛を受けたいと職場で考える人が，本当の自尊感情を備えている場合には心理的不適応の問題は生じにくいだろう。

　しかし，本当の自尊感情が低く，随伴性自尊感情のみが高い人が職場での賞賛を受けたいと強く願い，そして，営業成績などが低くなってしまった場合が問題になる。

　職場では，いわば「ノリノリ」のときの勢いは誰にも止められない人がいる。しかし，いったん調子が悪くなったときにはノリノリのときの姿は見る影もない，という人がいる。この前はあんなにがつがつしていたのに，今はどうしてしまったのだろうかという人である。このような人は今まで「浮き沈みが激しく，扱いにくい人」だったが，その本質は本当の自尊感情の低さと随伴性自尊感情の高さによって理論的に解釈することができる。

　このような特徴を示す部下を持つ上司には，一つひとつの仕事の成否に一喜一憂せず，長い目で自分自身のキャリアを考えるように部下を指導する，また

は個別の仕事の成否を超えたメタな部分でその人の良さや改善点を指導していくことで，部下のポテンシャルが十二分に発揮されるようにすることが求められる。

「浮き沈みが激しく，扱いにくい部下」に対して上司は指導を諦めていないだろうか。諦める前に部下のパーソナリティ特性を自尊感情の二側面から考えてみてはいかがだろうか。

部下側としては自分でも自分がよくわからない，という人もいるのではないだろうか。ノリノリのときとそうではないときの自分自身の心理状態の差に苦しんでいる人もいるだろう。「この前までとても調子がよかったのに最近の私ってどうしちゃったのかな」「調子が出ないときの自分が嫌いで仕方がない」などと思ったことはないだろうか。

そういう人は自尊感情の随伴性が高いのかもしれない。自尊感情の随伴性が高いことを知った上で，その知識をもとに自分が今後どのようなことで仕事や生活の喜びを得ていくのか，また，自分をどう管理していくのかをじっくり考えることで，それまでよくわからなかった自分と向き合えるようになる。

第 5 章

性格と仕事での頭の良さ

5.1. 性格と知的能力

―― 本節のテーマ ――

　自分のパーソナリティをどれだけ理解した上で仕事に取り組んだとしてももともと頭のいい人にはかなわないのではないか，という疑問を持つ人もいるだろう。この疑問は心理学研究において長きにわたって取り組まれてきたものだ。

　頭の良さという日常用語に対応する主な心理学概念は「知的能力 (intellectual ability)」である。

　知的能力は仕事のパフォーマンスにどれだけ影響を与えるのだろうか。そして，パーソナリティ特性とどちらがより強く仕事のパフォーマンスに影響するのだろうか。そもそも，パーソナリティと知的能力はどのような関係にあるのだろうか。

5.1.1. 営業のエースが本社企画職で活躍するとは限らない理由

　知的能力とパーソナリティ特性の関係性の整理から始めよう。知的能力とパーソナリティ特性の関係性を扱った，過去の膨大な数の論文をメタ分析した研究がある（Ackerman & Heggestad, 1997）。一般知的能力 (general intelligence) という知的能力の代表的指標とビッグファイブのパーソナリティ特性の相関分析結果を**図表 5-1**に示した。

　一般知的能力と有意な正の相関係数を示したのは外向性だった。ただし，r =.08と相対的に値が小さかった。例えば，顧客との折衝において明るく接することを得意にするような外向性の高い営業社員が，難しい経営課題について論理的に事業計画を検討するのに求められる一般知的能力も高いかといえばあ

図表 5-1	一般知的能力とビッグファイブの関係		
	相関係数	N	分析対象者数
外向性	.08*	35	15,931
協調性	.01n.s.	6	941
勤勉性	.02n.s.	3	4,850
情緒不安定性	−.15*	30	6,169
開放性	.33*	3	555

Nは分析対象になった係数の数を指す。
*p<.05　n.s.：not significant
（出所）　Ackerman & Heggestad（1997）をもとに筆者作表

まりそうとは言えないということだ。

　実務ではしばしば，営業部隊のエース社員を本社の企画部隊に栄転させることがあるが，その異動が失敗に終わることも少なくない。営業社員としてのパフォーマンスにつながる外向性のパーソナリティ特性によって「ハロー効果」のようにその人全体が優れていると勘違いしてしまい，一般知的能力まで高いはずだという思い込みが生じてしまっていることが大きな一因だ。外向性の高い営業社員は対人的な印象が非常に良いことが多いため，ハロー効果が生じやすいことに注意しなければならない。

5.1.2. | 性格と知的能力はそれほど関係しない

　開放性は一般知的能力と有意な正の相関係数（r=.33）を示した。開放性は「知的好奇心」と表現されることもある。色々なことを積極的に学ぼうとするパーソナリティ特性の高い人は一般知的能力も高く，多方面にわたる知識を総動員して問題解決にあたっていくようなイメージだ。

　情緒不安定性は一般知的能力と有意な負の相関係数（r=−.15）を示した。情緒不安定性が高い（情緒が安定しない）人は一般知的能力が低いということだ。ただし，相関係数の絶対値は開放性より低かった。

　協調性と勤勉性は非有意な相関係数を示した。上述したとおり，特に勤勉性については仕事のパフォーマンスと正の関係があることが多くの研究によって

図表5-2	知的能力の側面とビッグファイブの関係	
	一般的記憶	認知処理速度
外向性	.05n.s.	.06*
協調性	.17n.s.	.04n.s.
勤勉性	.07n.s.	.04n.s.
情緒不安定性	− .06*	− .04n.s.
開放性	− .11n.s.	− .05n.s.

値は相関係数を指す。
*p<.05　n.s.：not significant
（出所）　Ackerman & Heggestad（1997）をもとに筆者作表

明らかにされている。しかし，勤勉性と一般知的能力とは関係がなく，どちらかが高いからといってどちらかが高く（低く）なることはないという結果だった。

　さらに，Ackerman & Heggestad（1997）の研究では一般知的能力以外の他の知的能力の側面とビッグファイブとの相関係数も報告された。仕事の状況に関連する主な知的能力の側面とビッグファイブとの相関分析結果を図表5-2に示した。

　「一般的記憶」という知的能力は職場において新たな業務のやり方を学ぶ，新たな商品知識を学ぶなどの場面で求められる能力である。そのような知的能力とビッグファイブはほぼ関係がなかった。

　「認知処理速度」という知的能力も職場において求められる知的能力の一種である。業務処理スピードが遅いことは組織にとって大きな痛手になる。認知処理速度とビッグファイブもほぼ関係がなかった。

　以上から，全体的に見ると，ビッグファイブと知的能力はそれほど関係しないということが明らかになった。例えば，仕事に対して勤勉な人だからといって新たな業務のやり方を学ぶのが得意というわけではなく，それは別の話ということだ。開放性が高くて，色々な最新情報にアンテナを常にはっている人だからといって情報の認知処理速度が速いというわけではなく，人によっては大量の最新情報を処理できずに情報に溺れてしまい，集めた情報をうまく業務に

使えない人もいるということだ。

　パーソナリティによって形成される人物へのイメージによって頭の良さまで勝手に想像してはいけないのだ。

5.1.3. 知的能力はジョブ・パフォーマンスと関係する

　知的能力がジョブ・パフォーマンスに与える影響は組織心理学研究において古くから熱心に論じられてきたテーマであり，世界的に有名な研究にSchmidt & Hunter（1998）がある。

　同研究は，新卒者の将来のジョブ・パフォーマンスを予測する上で最も妥当性を有するのは一般知的能力である，ということが欧米で過去85年間に蓄積された研究で最もよく知られていると述べた。同研究ではメタ分析の手法を用いてジョブ・パフォーマンスを予測するものは何かを一般知的能力を含めて広範囲に分析した。主な予測変数と妥当性係数を**図表5-3**に示した。

　図表5-3のとおり，ジョブ・パフォーマンスを予測する上で一般知的能力の妥当性係数が高いこと（$r=.51$）が示された。ビッグファイブの勤勉性が$r=.31$を示したのに対して一般知的能力の高さが目立った。この研究によれば，勤勉性もジョブ・パフォーマンスを確かに予測はするが，一般知的能力はより高い予測力を有すると解釈された。

　同研究で最も高い妥当性係数を示したのは「ワークサンプルテスト」だった。

図表5-3 ジョブ・パフォーマンスへの妥当性係数

	妥当性係数
一般知的能力	.51
勤勉性	.31
ワークサンプルテスト	.54
構造化面接	.51
非構造化面接	.38
レファレンスチェック	.26

（出所）Schmidt & Hunter（1998）をもとに筆者作成

ワークサンプルテストとは体験入社のようなものであり，その仕事を短期的に体験してみたときの働きぶりを予測変数として用いるものだ。ワークサンプルテストでの働きぶりが実際に入社してからのジョブ・パフォーマンスを最も高く予測した（$r=.54$）。

　わが国の新卒採用の実態にあわせて解釈すると，インターンシップがワークサンプルテストに最も近いだろう。インターンシップの就業体験での働きぶりが入職後のパフォーマンスを精度高く予測するということである。インターンシップでの成績を就職試験の最終的な合否判定に用いることが公的に解禁された今，注目に値するデータだ。

　「構造化面接」とは，採用選考時に志願者に課す面接において質問内容，質問順序，応答の評価基準などをあらかじめ定めて行う面接のことを指す。質問内容や順序などをあらかじめ定めない「非構造化面接」（$r=.38$）よりも構造化面接のほうが将来のジョブ・パフォーマンスを予測する（$r=.51$）という結果だった。

　すなわち，面接をただ何となく行うのではなく，何によって志願者を評価するかをあらかじめ定めておくことで，組織が求める人物像との適合をうまく評価することができ，入職後のジョブ・パフォーマンスを予測する精度を上げられるということである。

　「レファレンスチェック」は$r=.26$と，研究対象の予測変数の中では小さな妥当性係数を示した。昨今，リファラル採用がビジネス界では流行している。リファラル採用とは転職エージェントやウェブメディアなどを介さずに，志願者の人となりを直接知る紹介者を介して自社への転職を促す方法である。

　欧米企業では従来から用いられてきた手法であるが，わが国の企業においても近年積極的に用いられるようになってきている。しかし，レファレンスチェックの妥当性係数は一般知的能力や勤勉性などと比して低い値が示された。リファラル採用は紹介者の好みによって志願者の評価が伝達されることがある。紹介者にとっては良い人であっても，それはある面に偏った評価の可能性があるということだろう。

　わが国における研究を見てみよう。知的能力とジョブ・パフォーマンスの関係を扱った複数の研究を対象にメタ分析を行った結果，一般知的能力の職務業

績評価への妥当性係数は.249または.300であると報告された（髙橋・西田, 1994）。

しかし，比較的近年のわが国におけるメタ分析では.10とそれよりも低い妥当性係数が報告されたこと（飯塚・持主・内藤・二村, 2005）を踏まえれば，一般知的能力がどの程度ジョブ・パフォーマンスを予測し得るかについて一様な見解は未だ得られていない。日本企業における知的能力とジョブ・パフォーマンスの関係性については今後のさらなる研究が必要である。

5.1.4. 最初から才能がある人ではなく熱意を持って諦めなかった人が仕事で成功する

知的能力およびパーソナリティ特性とジョブ・パフォーマンスの関係は米国を中心に歴史的に盛んに論じられてきたが，その議論に新たな視点が近年加えられ始めている。

知的能力よりも対人関係上のスキルや特性，動機付けのほうが年をとるにつれて成功に強く影響を与えることが報告され始めた（例えば，Heckman, 1999）。これが昨今，心理学領域で世界的に注目される「非認知的な」（non-cognitive）能力・スキル・特性である。

非認知的能力とは認知的能力の否定を定義とするため，認知的能力の定義から確認しよう。諸説あるが，認知的能力とは概ね学力や知的能力検査によって測定される能力のことで，限られた時間で特定の問題・課題の正解を導くために知識・記憶・数理・言語などの諸能力を運用する能力のことを指す。

それに対して非認知的能力とは概ね，いわゆる詰め込み型の学力テスト向けの知識ではない，対人関係や自己統御などの心理面での能力を指す。

両能力については文献によって能力だけではなくスキルや特性についても概念範囲にすることがある。非認知的側面が，これまで重視されてきた認知的側面と同じくらい，または，それ以上に成功に強く影響を与えることが近年指摘され始め，仕事の状況におけるその代表的概念がGRIT（グリット）である。

長期的に見た場合，才能よりもGRITが成功の鍵であるとして米国教育省がGRITを教育の最重要課題の一つとして提唱した。オバマ元米国大統領は成功の鍵として自身のスピーチでGRITに言及した。GoogleではGRITの特性を重視

して人材採用を行っている（ダックワース，2016）。

　GRITの概念を提唱し，その後の実証研究を世界的にリードしているのは Duckworthらの研究グループである。GRITは，知的能力は同じなのになぜ ジョブ・パフォーマンスに差が出るのか，をリサーチ・クエスチョンにしてい る。

　GRIT研究において成功やパフォーマンスとは友情などの主観的なものでは なく，他者によって認められたものを指している。すなわち，GRITは，分野 を問わず成功を収める傑出した人物が有するパーソナリティ特性である （Duckworth, Peterson, Matthews, & Kelly, 2007）。上司や顧客などの他者に よって成功やパフォーマンスが評価される仕事の状況に非常に親和性が高い概 念だ。

　ビッグファイブとの違いは状況依存性を想定していないことだ。例えば， ビッグファイブの外向性は，営業職としてのジョブ・パフォーマンスに正の影 響を与える特性として概ね知られているが，一方で，独創性に富む文章作成を 行うような創造的な仕事においてはジョブ・パフォーマンスに正の影響を与え ないことがある。先述したとおり，ビッグファイブはジョブ・パフォーマンス との関係性においてジョブ依存性があるためだ。

　しかし，GRITはジョブなどの状況に依存せず，分野を問わず成功を収める 傑出した人物が有するパーソナリティ特性を定めることを志向している。

　GRITは，長期的な目標に対する根気と熱意，と定義される。その特徴は挑 戦的で，失敗や逆境，停滞に対して長期的に努力と興味を失わないことであり， スタミナがあることである（Duckworth *et al.*, 2007）。

　これまで，投資銀行，ジャーナリズム，学術研究，法曹界などの多様な業界 のスター社員を調査した結果，群を抜いて高い成果を出す社員は最初から並外 れた才能がある者ではなく，継続して熱意を持って諦めなかった人，すなわち GRITの高い人だったことを明らかにした（Duckworth *et al.*, 2007）。GRITの 高い人をグリッターと言う。

　生まれながら知的能力の高い人であっても失敗や逆境，停滞によって途中で やめてしまう人がいる。知的能力が高いため，最初はうまくスタートできるの だが，途中のちょっとした失敗や逆境などで「もういいや」と投げ出してしま

う人である。

　最終的に成功するのは，知的能力は目立って高くなくても継続して熱意を持って取り組んだ人である，というのがGRIT研究における重要な発見である。

　例えば，最初から「100」の知的能力を持っている人が途中で何かを諦めてしまう場合と，「70」の知的能力しか持っていなかったが，途中で諦めずに取り組み続けた場合を比較すると後者の人のほうが最終的に成功することを明らかにしたのである（**図表5-4**）。

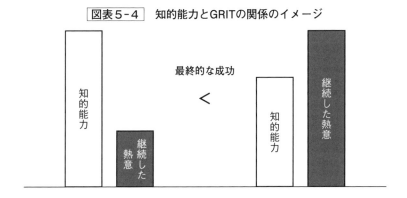

図表5-4　知的能力とGRITの関係のイメージ

5.1.5. 仕事での成功には興味の一貫性と努力の粘り強さが必要

　Duckworthらの研究グループはGRITを測定するための尺度を開発し，二因子構造を実証的に報告した（Duckworth *et al.*, 2007；Duckworth & Quinn, 2009）。2007年に最初に開発された測定尺度の因子構造は適合度が十分ではなかったが，2009年の改良版で因子構造の適合度が改善された。

　改良版の尺度内容の一部を**図表5-5**に示した。これらの尺度は日本語訳も開発されている（西川・奥上・雨宮，2015；竹橋・樋口・尾崎・渡辺・豊沢，2019）。

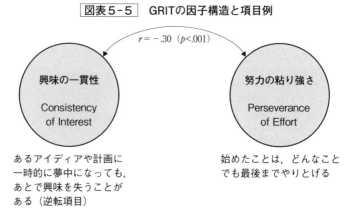

図表5-5　GRITの因子構造と項目例

$r = -.30$ （$p<.001$）

興味の一貫性

Consistency
of Interest

あるアイディアや計画に
一時的に夢中になっても，
あとで興味を失うことが
ある（逆転項目）

努力の粘り強さ

Perseverance
of Effort

始めたことは，どんなこと
でも最後までやりとげる

（出所）　Duckworkth & Quinn（2009）をもとに筆者作図。日本語訳は竹橋ほか（2019）を用いた。
　　　　因子間相関係数は西川ほか（2015）を用いた。

　「興味の一貫性」因子は，アイディアや計画から興味がそれることがない，などの興味の持続性についての概念を指す。いくら才能があっても，色々なことに興味が分散してしまって目標を後から変更することが多かったり，最初だけ熱心に取り組んだもののいずれ飽きてしまったりするようでは長期的成功が得られにくいということである。逆に，知的能力が際立って高くなくても一貫して取り組み続ける人ほど長期的成功を掴み取っていることをGRIT研究は実証的に示してきた。

　「努力の粘り強さ」因子は，一度始めたことはどんな困難や試練があっても情熱をかけて最後までやり遂げることについての概念を指す。「興味の一貫性」因子が自発的な心変わりを示すのに対して「努力の粘り強さ」因子には困難や試練への対処が含まれることが特徴である。

　うまくいっているときだけ熱心に取り組むのではなく，困難や試練があってもやる気を失わずに粘り強く努力を継続する人は知的能力が高くなくても長期的成功を掴み取ることをGRIT研究は実証的に示してきた。

5.1.6. 仕事状況で既視感のあるGRITの独自性と使い方

　心理学領域ではわが国でもGRITがここ数年注目を集めているが，経営学領域やビジネス現場ではあまり知られていない。比較的新しい概念であるという

こと以外にも，仕事の状況においては一種の既視感があるのが原因の一つではなかろうか。

これまでも仕事の状況ではパフォーマンスにつながる特性を明らかにする取り組みが行われてきた。伝統的には職務遂行能力に着目した職能資格等級制度がある。どのような能力（ときとして特性）を備えれば組織で活躍できるのかを定めたもので，わが国の人事管理制度で最も普及した社員格付けのための制度であると言われている（今野・佐藤，2020）。

さらに，McClelland（1973）による研究を経て，世界的に採用・人事実務を席巻したコンピテンシー研究（Boyatzis, 1982；Spencer & Spencer, 1993など）を想起する人もいるだろう。コンピテンシーには多くの定義があるが，概ね，職場における高業績に関連する，行動として顕在化する能力や特性を指す（高橋，2010）。

仕事の状況にGRITを布置するとき，これらの職務遂行能力研究やコンピテンシー研究との関連を意識しなければならないのだが，職務遂行能力やコンピテンシーの概念範囲が広く，定義が多岐にわたるため，GRITの明確な布置ができにくい。その結果，同語反復がなされているような印象を受ける経営系研究者や企業実務家も少なくないだろう。

たしかに，仕事の状況下で活躍する人の特性を扱っている点において，それらとGRITは共通する部分がある。しかし，GRITならではの独自性がある点には注意を払っておく必要がある。仕事の状況でのGRITの独自性は他の書籍などでは触れられてこなかったと思われるため，本書が新たに明示するものだ。

第一に，GRITは長期的成功を掴む人の特性に焦点をあてている。つまり，GRITは単一年度などの短期間内で業績をあげる人の特性を対象にしていない。この点は，短期的業績を重視する組織にはGRITが適合しないことを意味する。単年度の業績を重視して人事評価を行うような会社にもあまりGRITは適合しない。

GRITを重視して人材採用を行ってもすぐにジョブ・パフォーマンスを創出するとは限らない。GRITは興味の一貫性と努力の粘り強さを指すため，その成果が目に見えるのは少し先のことであることが多い。コンピテンシーなどのように性急に効果を求めないことが肝要だ。

　第二に，GRITは知的能力との対比の中から生まれた理論である。すなわち，知的能力レベルが同じ場合でも，長期的成功に差が出るのはなぜなのか，というのがGRIT研究のリサーチ・クエスチョンのため，GRITには知的能力概念は反映されていない。職務遂行能力やコンピテンシーには知的能力概念が一部含まれることがあることと対照的だ。

　「知的能力レベルが同じ場合でも」という点には注意が必要だ。つまり，知的能力レベルが違う場合の話はまた別の論点になる。具体的には，2名の社員間で知的能力レベルが同じときの長期的成功の規定因を探るにはGRITが参考になるが，知的能力レベルが異なるときの長期的成功の規定因を探るにはGRITと知的能力の両方の考慮が必要ということだ。GRITは知的能力レベルを統制したときの規定因である点に留意しなければならない。

　第三に，GRITは数少ない概念に限定している。GRIT－Sは8項目のみで測定尺度を構成する（Duckworth & Quinn, 2009）。項目数が非常に多い職能資格等級基準やコンピテンシーと比べて，測定の効率性において大きな優位性がある。

　簡単に言えば，GRITはコストと時間が限られた経営現場で使いやすい概念である。例えば，コンピテンシーモデルを作成するとき，何十項目にも及ぶコンピテンシーディクショナリーが必要になったことと対照的である。

　組織側だけではなく，働く個人にとってもGRITは非常に参考になる。例えば，もともとの知的能力が高いためにスタートダッシュではリードできていても，いずれ周囲に追いつかれてしまったという経験を持つ人もいるだろう。こういった，初動だけを得意とするビジネスパーソンは意外に多い。そういう人が長期的な成功を目指すとき，GRIT研究は多くの気付きを与えてくれる。

　知的能力が高い人ほど，困難や試練に遭遇したときに別の可能性が見えてしまう。GRIT研究は，そこで諦めずに根気と熱意を持ち続けた人が長期的成功を掴み取ったことを実証してきたのだ。

5.2. 知的能力の構造

―――――― 本節のテーマ ――――――
　仕事をしていると「自分って頭が悪いなぁ…」と思うことがある。自分の効率の悪さ，スピードの遅さ，問題解決能力の低さなどに嫌気がさすこともある。
　では，そもそも仕事の状況における頭の良さとは何なのだろうか。そして，本当に自分は頭が悪いのだろうか。

5.2.1. 一般知能因子と特殊因子の構造で頭の良さを規定する

　知的能力研究に洗練された統計技法が導入されたのは1900年代の初めであり，当時としては非常に高度なデータサイエンス技術によって人間の知的能力の構造が明らかにされた。すなわち，人間の知的能力は「一般知能因子g」と「特殊因子s」の2因子によって構成されるという「知能の2因子説」が1904年に報告された（Spearman, 1904）。全ての課題を考える上で一般知能因子gが大きな影響を与え，そこに個別の課題を考える上で必要になる特殊因子sも影響を与えるというのが知能の2因子説の考え方である。

　知能の2因子説は形を変えながら今日においても知的能力の主流な考え方になっている（例えば，Carroll, 1993）。知能の2因子説のイメージを**図表5-6**に示した。

　図表5-6の「流動性知能」「結晶性知能」「認知処理速度」は知的能力研究において特殊因子sの代表例としてよく知られたものである。これら以外にも特殊因子sは存在する。

　「流動性知能」は未知の新しい課題や場面に適応するときに働く知的能力を

図表5-6　知能の2因子説の構造

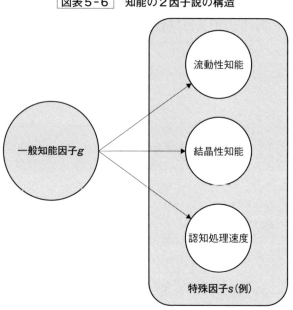

（出所）　Carroll（1993），Ackerman & Heggestad（1997）を参考に筆者作図

指す。それに対して「結晶性知能」は過去の課題や場面からの経験をもとに培われた（つまり，"結晶化"された）知的能力を指す。「認知処理速度」は物事や課題を知覚して処理するスピードに関する知的能力を指す。

　これらの特殊因子は個別の場面でそれぞれ働く。例えば，新しい職場に適応する場面では流動性知能が強く働く。大学生から社会人になるときなどは流動性知能が強く働くことになる。

　特殊因子の働きに比して，一般知能因子が強く働くと考えるのが知能の2因子説の特徴である。例えば，新しい職場に適応する場面においては流動性知能だけではなく，より強く一般知能因子が働き，その適応の成否に影響を与えると考える。

　研究例によって，一般知能の多くは遺伝的要因によって規定され，生まれながらにして一般知能の高低がかなりの割合で決まっていることを示すものもある。

　知能の2因子説をもとにして，より具体的に仕事の状況における頭の良さを考えれば，全ての業務課題をこなせる人がいるということである。一般知能因子が高い人は業務課題の種類を問わず，その一般知能の高さによって全ての課題をスムーズに解決できる。一般知能が高い人について，ある業務課題は解決できるが，別の業務課題は全く解決できないということは経験値の有無を考慮しないときには生じ得ないことになる。経験値を考慮しないということは未入職の新規学卒者採用との親和性が高いということだ。

　すなわち，新規学卒者の人材採用選抜においては個別の知的能力（特殊因子）を測定するのではなく，いかに一般知的能力を測定するかが重要になる。様々な業務課題をうまく解決できそうかを一般知的能力から推測するわけだ。上述したとおり，業務経験のない新卒者の将来のジョブ・パフォーマンスを予測する上で妥当性を有するのは一般知的能力である，ということが欧米で過去85年間に蓄積された研究で知られている（Schmidt & Hunter, 1998）。

　新卒者だけではなく既存の社員についても部署異動や事業環境変化に応じた様々な仕事へのアサインメントを見据えるのであれば一般知能が高く，業務課題の解決に広く貢献できそうな社員を抜擢することが重要になる。

5.2.2. 別個独立した8つの知的能力で頭の良さを規定する

　知能の2因子説に反論する研究も蓄積されている。古典的には1930年代ごろになされた研究（例えばThurstone, 1938）において，知能の2因子説への反論がなされ，現在もその系譜は続いている。この立場は「知能の多因子説」と呼ばれる。

　これに関連してガードナー（2001）は「多重知能（multiple intelligence）理論」を提唱した。人間の知的能力として，一般知能因子という共通因子は存在せず，別個独立した8つの個別的な知的能力が存在することを述べた。8つとは「言語的知能」「論理数学的知能」「音楽的知能」「身体運動的知能」「空間的知能」「対人的知能」「内省的知能」「博物的知能」である。

　ガードナー（2001）によれば，言語的知能は，言語を学び，言語を用いるときなどの場面で働く知的能力を指す。弁護士などがその能力を高く有する。論

理数学的知能は，問題の論理的分析や数学的な操作などの場面で働く知的能力を指す。科学者などがその能力を高く有する。音楽的知能は，音楽の演奏・作曲・鑑賞などの場面で働く知的能力を指す。身体運動的知能は，スポーツ以外にも外科医，機械工などに重要とされる知的能力を指す。空間的知能は，空間のパターン認識などの場面で働く知的能力を指す。パイロット，建築家，グラフィックアーティストなどがその能力を高く有する。対人的知能は，他人とうまくやっていくときなどの場面で働く知的能力を指す。販売員，教師，指導者などがその能力を高く有する。内省的知能は，自分自身を理解するときなどの場面で働く知的能力を指す。自分を統制することに用いられる知的能力とされる。博物的知能は，自然界の種々のものを区別・分類するときなどの場面で働く知的能力を指す（ガードナー，2001）（**図表5-7**）。

　このうち，言語的知能と論理数学的知能が一般的に学校教育や学力テストで重視されてきたものに該当する。IQを測定する知能検査や企業の就職試験で

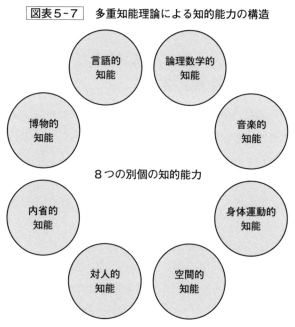

| 図表5-7 | 多重知能理論による知的能力の構造 |

（出所）　ガードナー（2001）を参考に筆者作図

実施される筆記試験（実務的には適性検査または能力検査と呼ばれることが多い）において主な検査対象とされるのはこれらの知能だろう。

しかし，多重知能理論によれば，それらは知的能力の限られた一部の側面にしか過ぎない。

社会に存在する仕事は言語的知能と論理数学的知能だけでうまく進むわけではない。それなのに，知的能力の一部だけを切り取って測定する適性検査によってジョブ・パフォーマンスを予測すること自体に無理がある，というのが多重知能理論からは示唆される。

筆者が実施した新卒採用適性検査（能力検査）に関する複数の研究では，能力検査結果がジョブ・パフォーマンスを全く予測しないことが少なくない。多重知能理論によれば，それは当然の結果として解釈される。8個の独立別個の知的能力のうち，主には2個しか扱っていないため，受検者（学生）の知的能力が十分捉えきれていないのだ。

知能の多因子説と多重知能理論をもとにして具体的に仕事の状況における頭の良さを考えれば，特定の業務課題解決は得意でも，それとは異なる業務課題解決を苦手にする人が当然いることになる。

例えば，言語的知能が高く，文書作成能力の高い人が経営コンサルティング会社のメンバーレベルの仕事で高い成果をあげたとする。やがてその人が社内で高く評価されて，より上位のポジションに就くと，今までのように文書作成だけではなく，顧客企業の役員との対人折衝やプロジェクトメンバーの部下の管理が求められるようになる。そのとき，それまでとはうって代わってパフォーマンスが低くなることがある。つまり，この人は言語的知能は高いが，対人的知能が低いのだ。

また，論理数学的知能が高く，一人で問題分析を行うのが得意な人がいる。しかし，会議でその分析結果を伝えるのが苦手で，しどろもどろな説明になってしまうことがある。この人は言語的知能が低いのだ。

これらの人々は一般知的能力の働きを強調する知能の2因子説では説明がつかない。知能の2因子説では，一般知的能力の働きを特殊因子に比して強調するため，多少の得手不得手はあったとしても，何かに秀でていれば他の面でも秀でているはずである。しかし，仕事の状況の差異によって，まるで人が変

わったようにパフォーマンスを下げる人がいる。どうしてもその仕事に関しては苦手というような場合である。

　知能の2因子説と多因子説（または多重知能理論）でどちらが正しいのかという結論は学術的にいまだに出ていない。職場や一般社会では知的能力や知的能力検査で算出されるIQが絶対的・普遍的な頭の良さの指標として語られることが多いが，そもそも知的能力の構造についての結論が出ていないのである。知的能力検査が変わればIQも変わる。知的能力検査で用いられている知能構造が検査によって異なり，一貫していないためだ。

5.2.3. 知的能力構造を知らない人材採用や配置転換は危険

　一般知的能力の働きを強調する知能の2因子説と一般知的能力の存在を認めない知能の多因子説・多重知能理論の差異は，仕事の状況における意思決定に強く影響を与える。

　ある日本の財閥系総合商社では部下を評価するとき「彼は日比谷高校と東京大学の卒業生だから」ということを優秀さを示すエピソードとして使う上司がいた。これは学力がジョブ・パフォーマンスに広く影響を与えるという考え方であり，その背景には一般知的能力の存在を認める2因子説が見え隠れする。

　一方で，「彼女は企画は得意だが，営業は無理じゃないか」という上司がいる。一般知的能力の働きを強調する場合にはこの話は成り立ちにくく，知能の多因子説や多重知能理論を想定するときに理に適う。

　知能の2因子説と多因子説・多重知能理論を場当たり的に使う人が仕事の状況では珍しくない。産業組織では知的能力の構造が一貫して理解されていないのだ。その結果，職場での「頭のいい人」へのイメージにすれ違いが生じる。

　例えば，「自分で考える力がある学生が欲しい」という新卒採用選抜基準を設けて企業が面接を行うとき，その「考える力」とは一般知能因子を指すのか，それとも多重知能理論における「言語的知能」などの知能の一部分を指すのかが曖昧なままに面接が実施される。面接者個々人によって「考える力」に異なるイメージが持たれると，それぞれの面接者の主観や偏向性によって選抜をしてしまう。

　例えば，人事部に所属する面接者はジョブ・ローテーションを想定して，どの部署でも活きそうな一般知能因子をイメージする一方で，現場の事業部に所属する面接者は自分の所属部署ですぐに活きそうな多重知能のうちの限定的な一部の知能をイメージする。その結果，入社してくる人材の質がバラバラになってしまう。

　人事部は「今年は豊作だった」と言いながら，事業部は「なぜ，この人が入社できたのか」と不満を持ってしまうことになりかねない。

　就職選抜で用いられる適性検査で一般知能因子が測定されているのか，特殊因子が測定されているのか，また，複数ある特殊因子の中から何が測定されているのかについて実施企業が理解できている例はほぼない。適性検査は専門業者の市販検査が用いられ，その中身は機密情報のため明かされないことがほとんどだからだ。その結果，仕事の状況での頭の良さとは何か，考える力とは何かがよくわからないままになってしまっている。

　本来，企業が人材採用を行うときや社員の配置転換を検討するときなど，人物の知的能力をもとに意思決定を行う場合には知的能力の捉え方をまず定めなければならない。

5.2.4. 自分ならではの知能が活きる仕事状況で経験値を知能化する

　仕事をしていると「自分の頭が悪いのかな」と落ち込んでしまうことがある。職場で活躍できないのは自分の頭が悪いからだと思ったことがある人は少なくないだろう。

　しかし，世界中で蓄積された膨大な知的能力研究を俯瞰するとき，職場において自分の頭が悪いと落ち込む必要はそれほどないのかもしれない。その理由を3点あげる（**図表5-8**）。

　第一に，知的能力に絶対的な尺度はない。読者の中には，知的能力には世界のどこかに万人共通で唯一の絶対的な測定尺度があり，それを受ければ知能指数がIQという形で算出されると思っている人が多いかもしれないが，それは誤解である。

　実際はそう単純ではなく，知的能力の構造に関する2因子説と多因子説・多

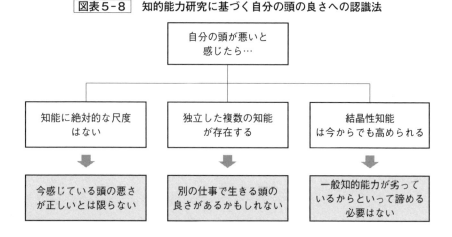

図表5-8　知的能力研究に基づく自分の頭の良さへの認識法

重知能理論を中心とした議論が現在も続いている。知的能力を測定する尺度は一種類だけではなく複数存在し，尺度によって測定概念がある程度異なる場合もある。

　よって，知能検査が異なればIQも異なる。知的能力のどの面を見るかによってIQという意味での頭の良し悪しは変わるため，今，自分が主観的に感じている頭の悪さが必ずしも正しい理解とは限らない。

　第二に，多重知能理論によれば別個独立した複数の知的能力が存在する。特定の業務は苦手でも，その他の業務を得意にするという頭の良さがある。つまり，現在目の前にある仕事でたまたま自分の頭が悪くて，ジョブ・パフォーマンスが低くても，それを過度に一般化しないことである。今の仕事ができなくても別の仕事で他の知能が必要とされれば高いパフォーマンスを発揮できるかもしれない。

　例えば，言語的知能や論理数学的知能が低く，学校での勉強が苦手だった人でも空間的知能に優れ，グラフィックや建築などの世界で活躍している人がいる。学校での勉強が苦手だった人でも対人的知能に優れ，転職エージェントや販売員などのジョブで際立った活躍をしている人もいる。空間的知能が求められる美術科目は苦手でも，文章作成が得意で，法曹家として活躍している人もいる。人前で話すことを苦手とする対人的知能が低い人でも，論理数学的知能

だけで勝負してエンジニアとして活躍している人もいる。つまり，自分ならではの知能の波形が活きる状況で働くことが大切だ。

　第三に，今からでも高められる知的能力があり，その代表例が結晶性知能だ。たしかに遺伝的規定性（生まれながらにして知的能力の高低が決定されるという考え方）をある程度高く認める実証研究はあるものの，知的能力の全てが遺伝によって決定されているわけではないことも知られている。

　これまでの研究例に基づくと，流動性知能は青年期を境にしてその後の伸長を望みにくいが，結晶性知能は成人期を通じて伸長し続けることが報告された（Horn, 1970）。過去の経験から学び続けることで「こういう場合にはこうすると効率が上がる」「この業務の場合にはこうすると業績があがる」など，仕事の経験値から得たコツを“結晶化”することで知的能力の水準が社会人でも上がり続けるということである。流動性知能や一般知的能力に自分の弱みがあると感じるのならば，結晶性知能を高め，経験知を仕事で活かせば良いのである。

5.3. 世界の知を活かした働き方と組織作り

―――――― 本節のテーマ ――――――

　本書では，組織心理学を中心として，世界的に有名な実証研究を基に「性格と仕事」の関係についての解説を行ってきた。様々な研究をとおして，仕事の状況における他者への向き合い方，自分への向き合い方，仕事への取り組み方についての示唆を数多く提示した。それらを踏まえて，本節では本書のまとめを述べる。

5.3.1. 仕事の世界を暗くしているのは無関心と無知である

　パーソナリティの和訳語として「人格」があてられた時期があるが，最近はそのようなことはなくなっている。

　「人格」という語が「人格者」すなわち「すぐれた人格の持ち主」（小学館デジタル大辞泉）という意味を持つことに関連する。パーソナリティを人格と訳してしまうと「優れたパーソナリティ」と「優れていないパーソナリティ」があることを含意してしまう。

　しかし，パーソナリティ特性研究は個人差を記述することを目的にしており，どのパーソナリティ特性が絶対的に優れているのか，または劣っているのかを明らかにすることをそもそもの目的にしていない。人それぞれなのである。

　特定の限定的状況に適合しやすいパーソナリティ特性はあるが，別の状況になれば別の適合しやすいパーソナリティ特性がある。例えば，HSPは細かいことを気にして悩みやすいという面はあるが，他者の心の動きに敏感でミスが少ないという面もある。

　そのどちらの面が強く発現されるか，また，それがどのように評価されるか

については状況に依存する。GRITのような例外はあるが，それはパーソナリティ研究の系譜から見れば極めて異色であり，基本的に絶対的な優劣関係をパーソナリティ特性は持たない。

　世界的な知の結集とも言えるビッグファイブ理論に示されたとおり，人間のパーソナリティ特性は1因子だけでは説明ができない。全てが一方向のみに向かっているわけではなく，5つの方向に向かっている。例えば，協調性が高くて他者に優しいからといって，それがその人の勤勉性の高さを保証するわけではない。他者に優しい人は真面目そうに見えるものだが，それは思い込みである。

　「他者に優しくても，気分屋ですぐに学業や仕事をサボってしまう人」はいるものだ。廊下で会うと気さくに挨拶をして立ち話などを楽しくできるのだが，ちょっと抜けているところがあるために，業務書類では誤字脱字が多く，提出日を守らないことも多くて，メンバーに迷惑をかけるような人。そんな人を職場で見かけたことはないだろうか。

　または，「外向性」が高くて，すぐに職場に溶け込めそうな人でも「情緒不安定性」が高いこともある。明るい人だから細かいことは気にしない人なのかなと思って接すると，実は意外なところで細かくて，落ち込みやすい。そんな人もいるだろう。

　このように本来，人間は「どのような人が絶対的に優れていて，劣っているか」が規定されておらず，そして「何かは高くて，何かは低い」というデコボコした存在なのだ。デコボコが生じることはパーソナリティ特性を複数因子に分けて多次元で論じたことの当然の含意である。

　しかし，職場の実態はどうだろうか。人事評価に定められた多くの評価項目について，全てを高い水準で達成することが組織では前提にされている。上司は，個人業績でも，対人関係でも，部下育成でも，顧客折衝でも優れた人物であることが求められる。このような職場にいると「何かが欠けている人は劣っている」という思考にどうしても陥ってしまう。

　また，日々の忙しい仕事の中で出会う多くの人々に対して「あの人はいい人だから好き」「あの人は性格が悪いから気に食わない」などとすぐにレッテルを貼る作業をすることも多い。職場での対人理解の省力化が誤った人物理解に

つながっている。

　その意味では毎日の職場を働きづらくしているのは，ほかでもない自分自身の知識不足なのである。今まで大嫌いだったあの人にも優れた面がある。その面に蓋をして「ああいうことをする人は信じられない。人間として信頼できない」などと安易に結論付けてしまった結果，その人が優れた面を発揮している場面であっても何だか気分が悪くなってしまう。

　人間のパーソナリティ特性についての世界的な知への無関心とそれによる無知が自分の世界を狭く暗いものにしてしまっている。

5.3.2. デコボコとした人間を理解し，組織作りに活かす

　デコボコしているのはパーソナリティ特性だけではない。知的能力もそうである。多重知能理論に基づくと，人間は8つの知的能力を持つ。人間の頭の良さにはデコボコした多様な形があり，絶対的な優劣はなく状況に依存するということだ。

　これらのデコボコについて，本書が解説したような科学的研究の裏付けがないままに日常会話で「人間には良いところも悪いところもあるさ」と言ったところで説得力がなく，そのような陳腐な言葉には誰も聞く耳を持たないだろう。

　人間の長い歴史の中で蓄積された膨大なパーソナリティ特性と知的能力に関する理論が「人を見る目」になる。理論をもとに他者・自己・仕事を見つめ直したとき，これまで自分の心を覆っていたもやもやとしたものがとれ始め，新たな視野を持って仕事の状況に向き合うことができる。

　筆者が性格と仕事に関する案件をご一緒させていただいた会社は100社を超えるが，その中でも大好きな会社がいくつかある。例えば，「ヘーベルハウス」などを展開する旭化成ホームズ株式会社もその大好きな会社の1つである。

　旭化成ホームズ株式会社は社員の醸し出す雰囲気が明らかに他社とは違い，人間一人ひとりを尊重する姿勢が徹底されている。業績追求への厳しさはありながらも，根底には人間に対する優しさがにじみ出ている。社員の方々と少し話しただけで，その雰囲気が伝わってくるような会社だ。

　同社は新卒採用に大変力を入れている。自社が持つ独特のカルチャーに適合

しながら，さらに発展させられるような人物を求めている。学生の持つ，それ
ぞれのパーソナリティや知的能力の「デコボコ」を真摯に把握しながら人物を
見極めている。

　このような会社がもっと増えれば，日本企業の人材育成と働き方は大きく変
わっていくだろう。

謝　辞

　本書の出版にあたっては中央経済社納見伸之編集長に大変お世話になった。性格と仕事についての本邦初の教科書という，新たな企画を世に出す機会をいただけた。納見編集長には，2022年に出版した拙著『就職選抜論－人材を選ぶ・採る科学の最前線』からお世話になりっぱなしである。深く感謝申し上げる。

付　記

　本研究はJSPS科研費JP22K01697の助成を受けたものです。

参考文献 （節単位）

序章

Allport, G. W., & Odbert, H. S. (1936). Trait-names: A psycho-lexical study. *Psychological Monographs*, 47(1), i-171.

Babiak, P., & Hare, R. D. (2006). *Snakes in suits: When psychopaths go to work*. Regan Books/Harper Collins Publishers.

Bennett, R. J., & Robinson, S. L. (2000). Development of a measure of workplace deviance. *Journal of Applied Psychology*, 85(3), 349-360.

Goldberg, L. R. (1990). An alternative "description of personality" : The Big-Five factor structure. *Journal of Personality and Social Psychology*, 59(6), 1216-1229.

Goldberg, L. R. (1992). The development of markers for the Big-Five factor structure. *Psychological Assessment*, 4(1), 26-42.

Googleウェブサイト.
https://rework.withgoogle.com/jp/guides/understanding-team-effectiveness/#define-team （閲覧日：2023年5月19日).

Jonason, P. K., Slomski, S., & Partyka, J. (2012). The Dark Triad at work: How toxic employees get their way. *Personality and Individual Differences*, 52(3), 449-453.

Kessler, S. R., Bandelli, A. C., Spector, P. E., Borman, W. C., Nelson, C. E., & Penney, L. M. (2010). Re-examining Machiavelli: A three-dimensional model of Machiavellianism in the workplace. *Journal of Applied Social Psychology*, 40(8), 1868-1896.

McCrae, R. R., & Costa, P. T. (1987). Validation of the five-factor model of personality across instruments and observers. *Journal of Personality and Social Psychology*, 52(1), 81-90.

Mischel, W. (1968). *Personality and assessment*. John Wiley & Sons Inc.

Spain, S. M., Harms, P., & LeBreton, J. M. (2014). The dark side of personality at work. *Journal of Organizational Behavior*, 35 (Suppl 1), S41-S60.

Wille, B., De Fruyt, F., & De Clercq, B. (2013). Expanding and reconceptualizing aberrant personality at work: Validity of five-factor model aberrant personality tendencies to predict career outcomes. *Personnel Psychology*, 66(1), 173-223.

青木孝悦 (1971) 性格表現用語の心理－辞典的研究―455語の選択，分類および望ましさの評定―. 心理学研究, 42(1), 1-13.

藤島寛・山田尚子・辻平治郎 (2005) 5因子性格検査短縮版 (FFPQ-50) の作成. パーソナリティ研究, 13(2), 231-241.

今野浩一郎・佐藤博樹 (2020) マネジメント・テキスト 人事管理入門 (第3版). 日本経済新聞出版.

岩佐一・吉田祐子 (2018) 中高年における「日本版Ten-Item Personality Inventory」(TIPI-J) の標準値ならびに性差・年齢差の検討. 日本公衆衛生雑誌, 65(7), 356-363.

村上宣寛・村上千恵子 (2008) 主要5因子性格検査ハンドブック改訂版. 学芸図書.

日経ビジネス（2022）みずほは，なぜ企業体質を変えられなかったのか．https://business.nikkei.com/atcl/gen/19/00475/062000001/（閲覧日：2022年12月12日）．

大野木裕明（2004）主要5因子性格検査3種間の相関的資料．パーソナリティ研究，12(2)，82-89．

小塩真司・阿部晋吾・カトローニピノ（2012）日本語版Ten Item Personality Inventory（TIPI-J）作成の試み．パーソナリティ研究，21(1)，40-52．

ロビンス P. スティーブンス（2009）新版組織行動のマネジメント―入門から実践へ―．ダイヤモンド社．

下仲順子・中里克治・権藤恭之・高山緑（1998）日本版NEO-PI-Rの作成とその因子的妥当性の検討．性格心理学研究，6(2)，138-147．

鈴木智之・池尻良平・池田めぐみ・山内祐平（2021）若年労働者のパーソナリティ特性表現に関する共通性と独自性―職場における活躍と伸び悩みに着眼して―．質的心理学研究，20(1)，7-31．

髙橋潔（2010）人事評価の総合科学―努力と能力と行動の評価―．白桃書房．

辻平治郎・藤島寛・辻斉・夏野良司・向山泰代・山田尚子・森田義宏・秦一士（1997）パーソナリティの特性論と5因子モデル―特性の概念，構造，および測定―．心理学評論，40(2)，239-259．

和田さゆり（1996）性格特性用語を用いたBig Five尺度の作成．心理学研究，67(1)，61-67．

第1章
1.1.節

American Psychological Association. https://dictionary.apa.org/narcissism（閲覧日：2022年1月26日）．

Campbell, W. K. (1999). Narcissism and romantic attraction. *Journal of Personality and Social Psychology*, 77(6), 1254-1270.

Campbell, W. K., Reeder, G. D., Sedikides, C., & Elliot, A. J. (2000). Narcissism and comparative self-enhancement strategies. *Journal of Research in Personality*, 34(3), 329-347.

Dahling, J. J., Whitaker, B. G., & Levy, P. E. (2009). The development and validation of a new Machiavellianism scale. *Journal of Management*, 35(2), 219-257.

Elliot, A. J., & Thrash, T. M. (2001). Narcissism and motivation. *Psychological Inquiry*, 12(4), 216-219.

Emmons, R. A. (1984). Factor analysis and construct validity of the narcissistic personality inventory. *Journal of Personality Assessment*, 48(3), 291-300.

Fehr, B., Samson, D., & Paulhus, D. L. (1992). The construct of Machiavellianism: Twenty years later. In C. Spielberger, & J. Butcher (Eds.), *Advances in personality assessment. Vol.9.* pp.77-116. Lawrence Erlbaum.

Jonason, P. K., Slomski, S., & Partyka, J. (2012). The Dark Triad at work: How toxic employees get their way. *Personality and Individual Differences*, 52(3), 449-453.

Kernberg, O. F. (1989). An ego psychology object relations theory of the structure and treatment of pathologic narcissism: An overview. *Psychiatric Clinics of North America,* 12(3), 723-729.

Kessler, S. R., Bandelli, A. C., Spector, P. E., Borman, W. C., Nelson, C. E., & Penney, L. M. (2010). Re-examining Machiavelli: A three-dimensional model of Machiavellianism in the workplace. *Journal of Applied Social Psychology,* 40(8), 1868-1896.

Morf, C. C., & Rhodewalt, F. (2001). Unraveling the paradoxes of narcissism: A dynamic self-regulatory processing model. *Psychological Inquiry,* 12(4), 177-196.

O'Boyle, E. H., Jr., Forsyth, D. R., Banks, G. C., & McDaniel, M. A. (2012). A meta-analysis of the Dark Triad and work behavior: A social exchange perspective. *Journal of Applied Psychology,* 97(3), 557-579.

Paulhus, D. L., & Williams, K. M. (2002). The Dark Triad of personality: Narcissism, Machiavellianism and psychopathy. *Journal of Research in Personality,* 36(6), 556-563.

Raskin, R. N., & Hall, C. S. (1979). A narcissistic personality inventory. *Psychological Reports,* 45(2), 590.

Resick, C. J., Whitman, D. S., Weingarden, S. M., & Hiller, N. J. (2009). The bright-side and the dark-side of CEO personality: Examining core self-evaluations, narcissism, transformational leadership, and strategic influence. *Journal of Applied Psychology,* 94(6), 1365-1381.

Spurk, D., Keller, A. C., & Hirschi, A. (2016). Do bad guys get ahead or fall behind? Relationships of the Dark Triad of personality with objective and subjective career success. *Social Psychological and Personality Science,* 7(2), 113-121.

ロビンス P. スティーブンス（2009）新版組織行動のマネジメント―入門から実践へ―. ダイヤモンド社.

戸田まり・サトウタツヤ・伊藤美奈子（2005）グラフィック性格心理学. サイエンス社.

1.2.節

Babiak, P., & Hare, R. D. (2006). *Snakes in suits: When psychopaths go to work.* Regan Books/Harper Collins Publishers.

Cropley, D. H., Kaufman, J. C., & Cropley, A. J. (2008). Malevolent creativity: A functional model of creativity in terrorism and crime. *Creativity Research Journal,* 20(2), 105-115.

Dahling, J. J., Whitaker, B. G., & Levy, P. E. (2009). The development and validation of a new Machiavellianism scale. *Journal of Management,* 35(2), 219-257.

Harrell, W. A., & Hartnagel, T. (1976). The impact of Machiavellianism and the trustfulness of the victim on laboratory theft. *Sociometry,* 39(2), 157-165.

Kapoor, H. (2015). The creative side of the dark triad. *Creativity Research Journal,* 27(1), 58-67.

Wille, B., De Fruyt, F., & De Clercq, B. (2013). Expanding and reconceptualizing aberrant personality at work: Validity of five-factor model aberrant personality tendencies to predict career outcomes. *Personnel Psychology,* 66(1), 173-223.

1.3.節

Back, M. D., Schmukle, S. C., & Egloff, B. (2010). Why are narcissists so charming at first sight? Decoding the narcissism-popularity link at zero acquaintance. *Journal of Personality and Social Psychology*, 98(1), 132-145.

Bennett, R. J., & Robinson, S. L. (2000). Development of a measure of workplace deviance. *Journal of Applied Psychology*, 85(3), 349-360.

Dutton, K., & McNab, A. (2014). *The good psychopath's guide to success: How to use your inner psychopath to get the most out of life*. Random House.

Levashina, J., & Campion, M. A. (2006). A model of faking likelihood in the employment interview. *International Journal of Selection and Assessment*, 14(4), 299-316.

O'Boyle, E. H., Jr., Forsyth, D. R., Banks, G. C., & McDaniel, M. A. (2012). A meta-analysis of the Dark Triad and work behavior: A social exchange perspective. *Journal of Applied Psychology*, 97(3), 557-579.

Patrick, C. J., Bradley, M. M., & Lang, P. J. (1993). Emotion in the criminal psychopath: Startle reflex modulation. *Journal of Abnormal Psychology*, 102(1), 82-92.

Rice, M. E., Harris, G. T., & Cormier, C. A. (1992). An evaluation of a maximum security therapeutic community for psychopaths and other mentally disordered offenders. *Law and Human Behavior*, 16(4), 399-412.

Spain, S. M., Harms, P., & LeBreton, J. M. (2014). The dark side of personality at work. *Journal of Organizational Behavior*, 35 (Suppl 1), S41-S60.

Wilson, D. S., Near, D., & Miller, R. R. (1996). Machiavellianism: A synthesis of the evolutionary and psychological literatures. *Psychological Bulletin*, 119(2), 285-299.

第2章
2.1.節

Campbell, J. D. (1990). Self-esteem and clarity of the self-concept. *Journal of Personality and Social Psychology*, 59(3), 538-549.

Hayamizu, T., Kino, K., Takagi, K., & Tan, E. H. (2004). Assumed-competence based on undervaluing others as a determinant of emotions: Focusing on anger and sadness. *Asia Pacific Education Review*, 5(2), 127-135.

Pierce, J. L., Gardner, D. G., Dunham, R. B., & Cummings, L. L. (1993). Moderation by organization-based self-esteem of role condition-employee response relationships. *Academy of Management Journal*, 36(2), 271-288.

Rosenberg, M. (1965). *Society and the adolescent self-image*. Princeton University Press.

速水敏彦（2011）仮想的有能感研究の展望．教育心理学年報，50，176-186.

速水敏彦（2012）仮想的有能感の心理学—他人を見下す若者を検証する—．北大路書房.

速水敏彦・木野和代・高木邦子（2005）他者軽視に基づく仮想的有能感—自尊感情との比較から—．感情心理学研究，12(2)，43-55.

桜井茂男（2000）ローゼンバーグ自尊感情尺度日本語版の検討．筑波大学発達臨床心理学研究，12，65-71.

渡邊芳之（2018）パーソナリティ研究の現状と動向. 教育心理学年報, 57, 79-97.

2.2.節

Greenberg, J., Pyszczynski, T., & Solomon, S. (1986). The causes and consequences of a need for self-esteem: A terror management theory. In R. F. Baumeister (Ed.), *Public self and private self.* pp.189-212. Springer-Verlag.

Harmon-Jones, E., Simon, L., Greenberg, J., Pyszczynski, T., Solomon, S., & McGregor, H. (1997). Terror management theory and self-esteem: Evidence that increased self-esteem reduced mortality salience effects. *Journal of Personality and Social Psychology*, 72(1), 24-36.

Jonas, E., Kauffeld, S., Sullivan, D., & Fritsche, I. (2011). Dedicate your life to the company! A terror management perspective on organizations. *Journal of Applied Social Psychology*, 41(12), 2858-2882.

Lambert, A. J., Eadeh, F. R., Peak, S. A., Scherer, L. D., Schott, J. P., & Slochower, J. M. (2014). Toward a greater understanding of the emotional dynamics of the mortality salience manipulation: Revisiting the "affect-free" claim of terror management research. *Journal of Personality and Social Psychology*, 106(5), 655-678.

Porter, L. W., Steers, R. M., Mowday, R. T., & Boulian, P. V. (1974). Organizational commitment, job satisfaction, and turnover among psychiatric technicians. *Journal of Applied Psychology*, 59(5), 603-609.

ファーストリテイリングウェブサイト.
　https://www.fastretailing.com/jp/about/frway/frway.html（閲覧日：2022年2月7日）.

花王ウェブサイト.
　https://www.kao.com/jp/corporate/about/our-story/kaoway/（閲覧日：2022年2月7日）.

2.3.節

Antonovsky, A. (1987). *Unraveling the mystery of health: How people manage stress and stay well.* Jossey-Bass Publishers.

Aron, E. N., & Aron, A. (1997). Sensory-processing sensitivity and its relation to introversion and emotionality. *Journal of Personality and Social Psychology*, 73(2), 345-368.

Arvey, R. D., & Campion, J. E. (1982). The employment interview: A summary and review of recent research. *Personnel Psychology*, 35(2), 281-322.

Bandura, A. (1986). The explanatory and predictive scope of self-efficacy theory. *Journal of Social and Clinical Psychology*, 4(3), 359-373.

Baron, R. A. (1987). Interviewer's moods and reactions to job applicants: The influence of affective states on applied social judgements. *Journal of Applied Social Psychology*, 17(10), 911-926.

Bass, B. M. (1951). Situational tests: I. individual interviews compared with leaderless group discussions. *Educational and Psychological Measurement*, 11(1), 67-75.

Chen, C-V., Lee, H-M., & Yeh, Y-J. Y. (2008). The antecedent and consequence of person-organization fit: Ingratiation, similarity, hiring recommendations and job offer. *International Journal of Selection and Assessment*, 16(3), 210-219.

Conway, J. M., Jako, R. A., & Goodman, D. F. (1995). A meta-analysis of interrater and internal consistency reliability of selection interviews. *Journal of Applied Psychology*, 80 (5), 565-579.

Evers, A., Rasche, J., & Schabracq, M. J. (2008). High sensory-processing sensitivity at work. *International Journal of Stress Management*, 15(2), 189-198.

Graves, L. M., & Powell, G. N. (1996). Sex similarity, quality of the employment interview and recruiters' evaluation of actual applicants. *Journal of Occupational and Organizational Psychology*, 69(3), 243-261.

Greven, C. U., Lionetti, F., Booth, C., Aron, E. N., Fox, E., Schendan, II. E., Pluess, M., Bruining, H., Acevedo, B., Bijttebier, P., & Homberg, J. (2019). Sensory processing sensitivity in the context of Environmental Sensitivity: A critical review and development of research agenda. *Neuroscience and Biobehavioral Reviews*, 98, 287-305.

Howard, J. L., & Ferris, G. R. (1996). The employment interview context: Social and situational influences on interviewer decisions. *Journal of Applied Social Psychology*, 26 (2), 112-136.

Latham, G. P., Saari, L. M., Pursell, E. D., & Campion, M. A. (1980). The situational interview. *Journal of Applied Psychology*, 65(4), 422-427.

Posthuma, R. A., Morgeson, F. P., & Campion, M. A. (2002). Beyond employment interview validity: A comprehensive narrative review of recent research and trends over time. *Personnel Psychology*, 55(1), 1-81.

Rynes, S. L. & Gerhart, B. (1990). Interviewer assessments of applicant "fit": An exploratory investigation. *Personnel Psychology*, 43(1), 13-35.

Smolewska, K. A., McCabe, S. B., & Woody, E. Z. (2006). A psychometric evaluation of the Highly Sensitive Person Scale: The components of sensory-processing sensitivity and their relation to the BIS/BAS and "Big Five". *Personality and Individual Differences*, 40 (6), 1269-1279.

平野真理（2012）心理的敏感さに対するレジリエンスの緩衝効果の検討—もともとの「弱さ」を後天的に補えるか—. 教育心理学研究, 60(4), 343-354.

日本経済団体連合会（2018）2018年度新卒採用に関するアンケート調査結果.

鈴木智之（2016）面接評定要素に着目した採用選考面接の評価者間信頼性の実証分析. 日本労務学会誌, 17(1), 69-91.

髙橋亜希（2016）Highly Sensitive Person Scale日本版（HSPS-J19）の作成. 感情心理学研究, 23(2), 68-77.

コラム

Allport, G. W., & Odbert, H. S. (1936). Trait-names: A psycho-lexical study. *Psychological Monographs*, 47(1), i-171.

Barrick, M. R., & Mount, M. K. (1991). The Big Five personality dimensions and job performance: A meta-analysis. *Personnel Psychology*, 44(1), 1-26.

Galton, F. (1884). Measurement of character. *Fortnightly Review*, 36, 179-185.

Goldberg, L. R. (1990). An alternative "description of personality": The Big-Five factor structure. *Journal of Personality and Social Psychology*, 59(6), 1216-1229.

Goldberg, L. R. (1992). The development of markers for the Big-Five factor structure. *Psychological Assessment*, 4(1), 26-42.

Gosling, S. D., Rentfrow, P. J., & Swann, W. B., Jr. (2003). A very brief measure of the Big-Five personality domains. *Journal of Research in Personality*, 37(6), 504-528.

McCrae, R. R., & Costa, P. T. (1987). Validation of the five-factor model of personality across instruments and observers. *Journal of Personality and Social Psychology*, 52(1), 81-90.

Nettle, D. (2007). *Personality: What makes you the way you are*. Oxford University Press.

Salgado, J. F. (1997). The five factor model of personality and job performance in the European Community. *Journal of Applied Psychology*, 82(1), 30-43.

Soto, C. J., John, O. P., Gosling, S. D., & Potter, J. (2011). Age differences in personality traits from 10 to 65: Big Five domains and facets in a large cross-sectional sample. *Journal of Personality and Social Psychology*, 100(2), 330-348.

Spain, S. M., Harms, P., & LeBreton, J. M. (2014). The dark side of personality at work. *Journal of Organizational Behavior*, 35 (Suppl 1), S41-S60.

Srivastava, S., John, O. P., Gosling, S. D., & Potter, J. (2003). Development of personality in early and middle adulthood: Set like plaster or persistent change? *Journal of Personality and Social Psychology*, 84(5), 1041-1053.

Terracciano, A., McCrae, R. R., Brant, L. J., & Costa, P. T., Jr. (2005). Hierarchical linear modeling analyses of the NEO-PI-R Scales in the Baltimore Longitudinal Study of Aging. *Psychology and Aging*, 20(3), 493-506.

Yamagata, S., Suzuki, A., Ando, J., Ono, Y., Kijima, N., Yoshimura, K., Ostendorf, F., Angleitner, A., Riemann, R., Spinath, F. M., Livesley, W. J., & Jang, K. L. (2006). Is the genetic structure of human personality universal?: A cross-cultural twin study from North America, Europe, and Asia. *Journal of Personality and Social Psychology*, 90(6), 987-998.

藤島寛・山田尚子・辻平治郎（2005）5因子性格検査短縮版（FFPQ-50）の作成．パーソナリティ研究，13(2)，231-241.

村上宣寛・村上千恵子（2008）主要5因子性格検査ハンドブック改訂版．学芸図書．

小塩真司・阿部晋吾・カトローニピノ（2012）日本語版Ten Item Personality Inventory（TIPI-J）作成の試み．パーソナリティ研究，21(1)，40-52.

下仲順子・中里克治・権藤恭之・高山緑（1998）日本版NEO-PI-Rの作成とその因子的妥当性の検討．性格心理学研究，6(2)，138-147.

内田照久（2002）音声の発話速度が話者の性格印象に与える影響．心理学研究，73(2)，131-139.

和田さゆり（1996）性格特性用語を用いたBig Five尺度の作成. 心理学研究, 67(1), 61-67.

第3章
3.1.節

Bauer, T. N., Bodner, T., Erdogan, B., Truxillo, D. M., & Tucker, J. S. (2007). Newcomer adjustment during organizational socialization: A meta-analytic review of antecedents, outcomes, and methods. *Journal of Applied Psychology*, 92(3), 707-721.

McCrae, R. R., Costa, P. T., Jr., Ostendorf, F., Angleitner, A., Hřebíčková, M., Avia, M. D., Sanz, J., Sánchez-Bernardos, M. L., Kusdil, M. E., Woodfield, R., Saunders, P. R., & Smith, P. B. (2000). Nature over nurture: Temperament, personality, and life span development. *Journal of Personality and Social Psychology*, 78(1), 173-186.

Mischel, W. (1968). *Personality and assessment*, John Wiley & Sons Inc.

Mischel, W., & Shoda, Y. (1995). A cognitive-affective system theory of personality: Reconceptualizing situations, dispositions, dynamics, and invariance in personality structure. *Psychological Review*, 102(2), 246-268.

Roberts, B. W., & DelVecchio, W. F. (2000). The rank-order consistency of personality traits from childhood to old age: A quantitative review of longitudinal studies. *Psychological Bulletin*, 126(1), 3-25.

Roberts, B. W., Wood, D., & Smith, J. L. (2005). Evaluating Five Factor Theory and social investment perspectives on personality trait development. *Journal of Research in Personality*, 39(1), 166-184.

Ross, L., & Nisbett, R. E. (2011). *The person and the situation: Perspectives of social psychology*. Pinter & Martin.

Tang, A., Crawford, H., Morales, S., Degnan, K. A., Pine, D. S., & Fox, N. A. (2020). Infant behavioral inhibition predicts personality and social outcomes three decades later. *PNAS Proceedings of the National Academy of Sciences of the United States of America*, 117(18), 9800-9807.

Van Maanen, J. (1976). Breaking in: Socialization to work. In R. Dubin (Ed.), *Handbook of work, organization and society*. pp.67-130. Rand McNally College Publishing.

鈴木智之（2021）大学生時の意識が営業成果に与える影響の予備的研究. 日本教育工学会2021年秋季全国大会講演論文集.

3.2.節

DeFruyt, F., & Mervielde, I. (1999). RIASEC types and Big Five traits as predictors of employment status and nature of employment. *Personnel Psychology*, 52(3), 701-727.

Grant, A. M., & Ashford, S. J. (2008). The dynamics of proactivity at work. *Research in Organizational Behavior*, 28, 3-34.

Gruman, J. A., & Saks, A. M. (2011). Socialization preferences and intentions: Does one size fit all? *Journal of Vocational Behavior*, 79(2), 419-427.

Holland, J. L. (1985). *Making vocational choices: A theory of vocational personalities and work environments*. Englewood Cliffs.

Judge, T. A., & Cable, D. M. (1997). Applicant personality, organizational culture, and organization attraction. *Personnel Psychology*, 50(2), 359-394.

Schutz, W. C. (1958). *FIRO: A three-dimensional theory of interpersonal behavior*. Rinehart.

Tett, R. P., & Burnett, D. D. (2003). A personality trait-based interactionist model of job performance. *Journal of Applied Psychology*, 88(3), 500-517.

今野浩一郎・佐藤博樹 (2020) マネジメント・テキスト 人事管理入門 (第3版). 日本経済新聞出版.

3.3.節

Abbott, J-A., Klein, B., Hamilton, C., & Rosenthal, A. (2009). The impact of online resilience training for sales managers on wellbeing and performance. *E-Journal of Applied Psychology*, 5(1), 89-95.

Ashford, S. J., & Black, J. S. (1996). Proactivity during organizational entry: The role of desire for control. *Journal of Applied Psychology*, 81(2), 199-214.

Athota, V. S., Budhwar, P., & Malik, A. (2020). Influence of personality traits and moral values on employee well-being, resilience and performance: A cross-national study. *Applied Psychology*, 69(3), 653-685.

Fergusson, D. M., & Lynskey, M. T. (1996). Adolescent resiliency to family adversity. *The Journal of Child Psychology and Psychiatry*, 37(3), 281-292.

Grant, A. M., & Ashford, S. J. (2008). The dynamics of proactivity at work. *Research in Organizational Behavior*, 28, 3-34.

Grant, A. M., Curtayne, L., & Burton, G. (2009). Executive coaching enhances goal attainment, resilience and workplace well-being: A randomised controlled study. *The Journal of Positive Psychology*, 4(5), 396-407.

Jew, C. L., Green, K. E., & Kroger, J. (1999). Development and validation of a measure of resiliency. *Measurement and Evaluation in Counseling and Development*, 32(2), 75-89.

Morrison, E. W. (1993). Newcomer information seeking: Exploring types, modes, sources, and outcomes. *The Academy of Management Journal*, 36(3), 557-589.

Robertson, I. T., Cooper, C. L., Sarkar, M., & Curran, T. (2015). Resilience training in the workplace from 2003 to 2014: A systematic review. *Journal of Occupational and Organizational Psychology*, 88(3), 533-562.

Werner, E. E. (1989). High-risk children in young adulthood: A longitudinal study from birth to 32 years. *American Journal of Orthopsychiatry*, 59(1), 72-81.

Werner, E. E., & Smith, R. S. (1992). *Overcoming the odds: High risk children from birth to adulthood*. Cornell University Press.

平野真理 (2010) レジリエンスの資質的要因・獲得的要因の分類の試み—二次元レジリエンス要因尺度 (BRS) の作成—. パーソナリティ研究, 19(2), 94-106.

平野真理 (2011) 中高生における二次元レジリエンス要因尺度 (BRS) の妥当性—双生児法による検討—. パーソナリティ研究, 20(1), 50-52.

平野真理（2012）心理的敏感さに対するレジリエンスの緩衝効果の検討―もともとの「弱さ」を後天的に補えるか―. 教育心理学研究, 60(4), 343-354.

星かおり（2016）若年就労者の仕事満足に対するプロアクティブ行動の効果についての検討. パーソナリティ研究, 25(2), 123-134.

第4章

4.1.節

Allen, D. G., Mahto, R. V., & Otondo, R. F. (2007). Web-based recruitment: Effects of information, organizational brand, and attitudes toward a web site on applicant attraction. *Journal of Applied Psychology*, 92(6), 1696-1708.

Arvey, R. D., & Campion, J. E. (1982). The employment interview: A summary and review of recent research. *Personnel Psychology*, 35(2), 281-322.

Connerley, M. L., & Rynes, S. L. (1997). The influence of recruiter characteristics and organizational recruitment support on perceived recruiter effectiveness: Views from applicants and recruiters. *Human Relations*, 50(12), 1563-1586.

Edmondson, A. (1999). Psychological safety and learning behavior in work teams. *Administrative Science Quarterly*, 44(2), 350-383.

Googleウェブサイト. https://rework.withgoogle.com/jp/guides/understanding-team-effectiveness/#define-team（閲覧日：2023年5月19日）.

Wanous, J. P. (1992). *Organizational entry: recruitment, selection, orientation, and socialization of newcomer 2nd ed.* Addison-Wesley Pub.

平沢和司（1995）就職内定企業規模の規定メカニズム―大学偏差値とOB訪問を中心に―. 苅谷剛彦（編）「大学から職業へ―大学生の就職活動と格差形成に関する調査研究―」第4章. 広島大学大学教育研究センター.

今野浩一郎・佐藤博樹（2020）マネジメント・テキスト 人事管理入門（第3版）. 日本経済新聞出版.

下村英雄・堀洋元（2004）大学生の就職活動における情報探索行動―情報源の影響に関する検討―. 社会心理学研究, 20(2), 93-105.

鈴木智之（2013）採用選考面接の予測的妥当性の実証分析―国内A社を事例として―. 日本労務学会誌, 14(2), 4-26.

4.2.節

Fenigstein, A., Scheier, M. F., & Buss, A. H. (1975). Public and private self-consciousness: Assessment and theory. *Journal of Consulting and Clinical Psychology*, 43(4), 522-527.

Kolb. D. A. (1984). *Experiential Learning: Experience as the source of learning and development.* Englewood Cliffs.

Li, M., & Armstrong, S. J. (2015). The relationship between Kolb's experiential learning styles and Big Five personality traits in international managers. *Personality and Individual Differences*, 86, 422-426.

Sutton, A., Williams, H. M., & Allinson, C. W. (2015). A longitudinal, mixed method evaluation of self-awareness training in the workplace. *European Journal of Training and Development*, 39(7), 610-627.

Trapnell, P. D., & Campbell, J. D. (1999). Private self-consciousness and the five-factor model of personality: Distinguishing rumination from reflection. *Journal of Personality and Social Psychology*, 76(2), 284-304.

Vince, R. (1998). Behind and beyond Kolb's learning cycle. *Journal of Management Education*, 22(3), 304-319.

Watkins, E., & Baracaia, S. (2001). Why do people ruminate in dysphoric moods? *Personality and Individual Differences*, 30(5), 723-734.

松尾睦（2006）経験からの学習―プロフェッショナルへの成長プロセス―. 同文舘出版.

高野慶輔・丹野義彦（2008）Rumination-Reflection Questionnaire日本語版作成の試み. パーソナリティ研究, 16(2), 259-261.

ヤフーウェブサイト.
https://about.yahoo.co.jp/info/blog/20181011/1on1.html（閲覧日：2022年2月27日）.

4.3.節

Crocker, J., & Wolfe, C. T. (2001). Contingencies of self-worth. *Psychological Review*, 108(3), 593-623.

Leary, M. R. (1983). A brief version of the Fear of Negative Evaluation Scale. *Personality and Social Psychology Bulletin*, 9(3), 371-375.

Leary, M. R., & Meadows, S. (1991). Predictors, elicitors, and concomitants of social blushing. *Journal of Personality and Social Psychology*, 60(2), 254-262.

Martin, H. J. (1984). A revised measure of approval motivation and its relationship to social desirability. *Journal of Personality Assessment*, 48(5), 508-519.

McCarthy, J. M., Trougakos, J. P., & Cheng, B. H. (2016). Are anxious workers less productive workers? It depends on the quality of social exchange. *Journal of Applied Psychology*, 101(2), 279-291.

Miller, R. S. (1995). On the nature of embarrassability: Shyness, social evaluation, and social skill. *Journal of Personality*, 63(2), 315-339.

Rosenberg, M. (1965). *Society and the adolescent self-image*. Princeton University Press.

Weeks, J. W., & Howell, A. N. (2012). The bivalent fear of evaluation model of social anxiety: Further integrating findings on fears of positive and negative evaluation. *Cognitive Behaviour Therapy*, 41(2), 83-95.

Zhang, I. Y., Powell, D. M., & Bonaccio, S. (2021). The role of fear of negative evaluation in interview anxiety and social-evaluative workplace anxiety. *International Journal of Selection and Assessment*, Early View, 1-9.（閲覧日：2022年3月2日）.

伊藤正哉・小玉正博（2006）大学生の主体的な自己形成を支える自己感情の検討―本来感, 自尊感情ならびにその随伴性に注目して―. 教育心理学研究, 54(2), 222-232.

菅原健介（1986）賞賛されたい欲求と拒否されたくない欲求―公的自意識の強い人に見られ

る2つの欲求について―．心理学研究，57(3)，134-140．

第5章
5.1.節
Ackerman, P. L., & Heggestad, E. D. (1997). Intelligence, personality, and interests: Evidence for overlapping traits. *Psychological Bulletin*, 121(2), 219-245.

Boyatzis, R. E. (1982). *The competent manager: A model for effective performance*. Wiley.

Duckworth, A. L., Peterson, C., Matthews, M. D., & Kelly, D. R. (2007). Grit: Perseverance and passion for long-term goals. *Journal of Personality and Social Psychology*, 92(6), 1087-1101.

Duckworth, A. L., & Quinn, P. D. (2009). Development and validation of the Short Grit Scale (GRIT-S). *Journal of Personality Assessment*, 91(2), 166-174.

Heckman, J. J. (1999). Policies to foster human capital. *National Bureau of Economic Research*, NBER Working Paper 7288.

McClelland. D. C. (1973). Testing for competence rather than for "intelligence". *American Psychologist*, 28(1), 1-14.

Schmidt, F. L., & Hunter, J. E. (1998). The validity and utility of selection methods in personnel psychology: Practical and theoretical implications of 85 years of research findings. *Psychological Bulletin*, 124(2), 262-274.

Spencer, L. M., Jr., & Spencer, S. M. (1993). *Competence at work: Models for superior performance*. Wiley.

ダックワース アンジェラ（著），神崎朗子（訳）(2016) やり抜く力―人生のあらゆる成功を決める「究極の能力」を身につける―．ダイヤモンド社．

飯塚彩・持主弓子・内藤淳・二村英幸 (2005) 適性検査の予測的妥当性―職種別および製造・非製造業別の分析―．産業・組織心理学会第21回大会発表論文集，159-162．

今野浩一郎・佐藤博樹 (2020) マネジメント・テキスト 人事管理入門（第3版）．日本経済新聞出版．

西川一二・奥上紫緒里・雨宮俊彦 (2015) 日本語版Short Grit (Grit-S) 尺度の作成．パーソナリティ研究，24(2)，167-169．

髙橋潔 (2010) 人事評価の総合科学―努力と能力と行動の評価―．白桃書房．

髙橋潔・西田直史 (1994) 知的能力検査に関する妥当性一般化―メタ分析による結果―．産業・組織心理学研究，8(1)，3-12．

竹橋洋毅・樋口収・尾崎由佳・渡辺匠・豊沢純子 (2019) 日本語版グリット尺度の作成および信頼性・妥当性の検討．心理学研究，89(6)，580-590．

5.2.節
Ackerman, P. L., & Heggestad, E. D. (1997). Intelligence, personality, and interests: Evidence for overlapping traits. *Psychological Bulletin*, 121(2), 219-245.

Carroll, J. B. (1993). *Human cognitive abilities: A survey of factor-analytic studies*. Cambridge University Press.

Horn, J. L. (1970). Organization of data on life-span development of human abilities. In L. R. Goulet, & P. B. Baltes (Eds.), *Life-Span Developmental Psychology: Research and Theory*. pp.423-466. Academic Press.

Schmidt, F. L., & Hunter, J. E. (1998). The validity and utility of selection methods in personnel psychology: Practical and theoretical implications of 85 years of research findings. *Psychological Bulletin*, 124(2), 262-274.

Spearman, C. (1904). 'General intelligence,' objectively determined and measured. *The American Journal of Psychology*, 15(2), 201-292.

Thurstone, L. L. (1938). *Primary mental abilities*. The University of Chicago Press.

ガードナー ハワード（著），松村暢隆（訳）(2001) MI：個性を生かす多重知能の理論．新曜社.

5.3.節

小学館 デジタル大辞泉.

索　引

【著者紹介】

鈴木 智之 (すずき ともゆき)

名古屋大学大学院 経済学研究科産業経営システム専攻 准教授
名古屋大学 経済学部経営学科 准教授
岐阜大学 社会システム経営学環 准教授（兼務）

慶應義塾大学総合政策学部卒業。東京工業大学大学院社会理工学研究科人間行動システム専攻修士課程・博士課程修了。博士（工学）。
アクセンチュア株式会社マネジャー，株式会社エスディージーズ本郷代表取締役社長，東京大学大学院情報学環特任准教授などを経て現職。専門分野は人的資源管理論，組織心理学，就職選抜研究。
主な著書に『就職選抜論―人材を選ぶ・採る科学の最前線―』（中央経済社，2022年。経営行動科学学会賞・優秀事例賞受賞。日本の人事部 HRアワード2022書籍部門入賞），『ワークプレイス・パーソナリティ論―人的資源管理の新視角と実証―』（東京大学出版会，2023年。日本の人事部 HRアワード2023書籍部門入賞）など。

最新の研究動向・お問い合わせ先などは以下の研究室ウェブサイトより
https://suzukilabo.com

絶望と苦悩の職場からのブレイクスルー
――世界の性格心理研究が明かす逆境への生存戦略

2023年12月20日　第1版第1刷発行

著　者　鈴　木　智　之
発行者　山　本　　　継
発行所　㈱中　央　経　済　社
発売元　㈱中央経済グループ
　　　　パ ブ リ ッ シ ン グ

〒101-0051　東京都千代田区神田神保町1-35
電話　03（3293）3371（編集代表）
　　　03（3293）3381（営業代表）
https://www.chuokeizai.co.jp
印刷／㈱堀内印刷所
製本／侑井上製本所

© 2023
Printed in Japan